novum pro

AF168331

**Brigitte E.
Amft-Obermaier**

Vogelgezwitscher mit Magie

novum ⬙ pro

www.novumverlag.com

Bibliografische Information
der Deutschen Nationalbibliothek:

Die Deutsche Nationalbibliothek
verzeichnet diese Publikation in
der Deutschen Nationalbibliografie.
Detaillierte bibliografische Daten
sind im Internet über
http://www.d-nb.de abrufbar.

Alle Rechte der Verbreitung,
auch durch Film, Funk und Fernsehen,
fotomechanische Wiedergabe,
Tonträger, elektronische Datenträger
und auszugsweisen Nachdruck,
sind vorbehalten.

Gedruckt in der Europäischen Union
auf umweltfreundlichem, chlor- und
säurefrei gebleichtem Papier.

© 2023 novum Verlag

ISBN 978-3-99107-017-7
Lektorat: Elena Iby
Umschlag- und Innenabbildung:
Brigitte E. Amft-Obermaier
Umschlaggestaltung, Layout & Satz:
novum Verlag

www.novumverlag.com

Climate neutral
Print product
ClimatePartner.com/16547-2201-1002

Inhaltsverzeichnis

Vorwort

Vita ist die Geduld, vereinbart mit den Gedanken-Spuren der Sparsamkeit.

Bin ich unscheinbar? Eigentlich nicht. Im ersten Moment habe ich das Gefühl: „Ich bin unscheinbar!" – Nein, denn kein Mensch ist unscheinbar.

Hinter unserer ledernen oder samtweichen Hülle, genannt Haut, fahren die Nervenstränge, die Adern und Venen durch unseren Körper. Bis ganz hinunter in die Füße, in die Breite bis zu den Händen oder ganz hinauf, genannt der Kopf. Der Kopf hat in seiner weichen inneren Gehirnmasse Kniffe und Pfiffe voller Ideen gespeichert. Die wollen hinaus, aus dem Wolkenpatchwork, durch unsere Masken der Eitelkeit, und sie zeigen diese mal brav oder in Kapriolen.

Nichts scheint so, wie es ist. Harmlos ist der Morgen, der bereits beim Aufwachen unser Gehirn mit saftigen Gedanken bestückt hat. In Wirklichkeit sind wir auf unsere Dienerschaft angewiesen, und wir wissen nicht im Voraus, was mit dem heutigen Tag passiert. Abgesehen von den Verabredungen, die sich seit Längerem im Gedächtnis festgebrannt haben und hinauswollen.

Habe ich etwas vergessen, das in einer ganz anderen Schublade ist?

Obwohl wir uns das Gehirn zermartern, wie die Körner unter dem Mühlstein, finden wir nicht immer die richtigen Buchstaben für ein ausgefallenes Wort zur richtigen Zeit. Die Gehirnboten lassen nicht jeder Silbe und jedem Gedanken den Vortritt. Erst die frisch gestalteten Worte purzeln aus mir heraus, dann die wichtigen Gedankenspuren. War das die richtige Reihenfolge?

„Hallo Gehirn, du bist mein Wolkenpatchwork, lass die Gedankenspuren wie Sonnenstrahlen in alle Richtungen sprießen."

Es kann sein, dass der Gehirn-Erklärer unsere Gedanken in Sparten aufteilt. Ernst oder beschaulich, hilfreich oder unbekümmert, aufmunternd oder sogar redegewandt.

Vielleicht gibt es gewisse Schubladen, in denen die Gehirn-Anweisungen, also die verschiedenen Gedankenspuren nach Zeit, Ort und Namen sortiert. Ganze Sätze vielleicht, die wir so plötzlich ausspucken, ohne zu ahnen, was wir eigentlich sagen wollten.

„Ok", sage ich, „Lassen wir die Dinge der Weisheit oder die unvorhergesehenen Worte gelten, einfach so dastehen – oder lasse ich sie im Raum der Möglichkeit tanzen?"

„Fasse dich kurz", heißt es immer wieder, wenn ich die eigenen Gedankenspuren selbst zu Tage bringen will. Mal sehen, was meine Gedanken für mich parat haben.

Den Anfang verplempert

Was Gott als Anfang für uns sah,
Zeigt sich täglich durch Müh und Plag.
Ein neuer Anfang zeigt das neue Jahr.
Tagtäglich beginnen wir aufs Neu' den Tag.

Frühmorgens zum Anbeginn die Sonne
Es vertreibt die Dunkelheit der Nacht.
Auch wenn wir es nicht wollen –
Der neue Anfang ist ungewollt gemacht.

Ich kann in den alten Trott verfallen.
Das Einerlei von gestern wiederholen.
Gedanken, die aufeinanderprallen.
Nicht vergessen – das Atem holen.

Was könnten wir heute wirklich tun?
Welchen Anfang soll ich umsetzen?
Verwirrungen schwirren durch den Raum.
Zerplatzen wie Luftballonfetzen.

Ich hole mein Kalenderblatt.
Was hab' ich da notiert?
Dies oder jenes oder – anstatt
Wiederum der Neuanfang rotiert.

Da schlägt die Kirchturmuhr Punkt Zehn.
Ich hab's vergessen, welch Malheur.
Ich wollte doch zum Einkaufen geh'n.
Sonderangebote gibt es keine mehr.

Das Heute hatte keinen guten Start.
Es war ein erfolgloser Ausklang.
Verplempert hab' ich den langen Tag.
Morgen such' ich einen neuen Anfang.

Reise durch Ismaning voller Magie

Als Biggi nach Ismaning heiratete, kannte sie nicht nur die Stadt München.

Sie ließ sich von dem Ort Ismaning voller Magie einfangen.

Voller Tatendrang schrieb sie all ihre Erlebnisse auf und malte dazu:

Die S-Bahn brachte Biggi direkt zum Geschehen.
Biggi war nicht allein unterwegs.
Es begleitete sie eine Spinne.

Spatz und Spinne

Die Spinne hangelte sich am seidenen Faden von der S-Bahn-Decke herab. Nichts ahnend stand ein blonder Jüngling darunter. Die S-Bahn setzte sich in Fahrt. Der Faden samt Spinne schaukelte hin und her. Die Spinne roch menschliche Ausdünstungen. „Ein ideales Revier für mein Vorhaben.", dachte die Spinne. Ein paar Zentimeter über dem blonden Haupt, suchte sie sich für ihr Nest einen Platz aus, bei gleichmäßiger Fahrt spann die Spinne weiter ihr Werk. Die S-Bahn bremste, das Schaukeln verstärkte sich. Der Jüngling bewegte sich zur Türe und stieg aus. Die Spinne beklagte sich. „Jetzt ist mein Revier flöten gegangen."

Ein neues Ziel hatte sie noch nicht trotzdem spann sie weiter.

Ein junges Mädchen schob ihr Fahrrad in die S-Bahn. Sofort nahm die Spinne sie ins Visier. „Dunkle Haare – das gefällt mir ebenso gut! Ein passendes Netz ist schnell gewebt." Der Faden wurde länger und länger. Die Spinne erreichte nach mehrmaligem Schaukeln die Lenkstange des Fahrrads. Sie band ihren Faden daran. Zufrieden blickte die Spinne sich um.

Sie beschloss, ein weiteres Ziel mit dem Faden zu verbinden und schnellte in die Richtung Fahrradglocke. Das Mädchen war mit dem Fahrplan beschäftigt. Die Spinne frohlockte. Sie spann ihren Faden drum herum. „Punkt zwei erreicht. Na dann, auf zur nächsten Etappe."

Die Fahrradlampe schien eine gute Station zu sein. Über das schmale schwarze Lampenkabel hatte sie ihr Ziel schnell erreicht. Den Faden um die Lampe herum und flugs zurück zur Fahrradglocke.

Oh, ja, die Spinne war sehr flink.

Die nächste Haltestelle kam in Sicht. Die Spinne ließ sich nicht vom vielen Stimmengewirr in der S-Bahn stören. Ein Luftzug wehte herein. Die Spinne hielt sich fest. Das Mädchen steuerte das Fahrrad auf den Bahnsteig. Die Spinne fühlte den kühlen Wind und säuselte im Spinnen-Jargon: „Jetzt beginnt ein neues Abenteuer für mich."

Ein Spatz sah die Spinne und schnäbelte: „Sieh dich vor, mit deinen dünnen Spinnenbeinen." Der Spatz breitete weit seine Flügel aus, er war bereit.

Was dann geschah?

Erzähl' ich ein andermal.

Biggi spazierte durch die magische Gemeinde Ismaning.

Am Weiher sah Biggi einen kleinen Jungen. In sich gekehrt stand er selbstvergessen da. In der flachen Hand hatte er einen Stein, den ließ er nach kurzer Zeit in das Wasser fallen.

Wasser und Stein

Der Stein fiel aus der Hand.
Bahnte sich den Weg nach unten.
Es wirkt die Anziehungskraft.
Bis er ist ganz drunten.
Dringt durch das kühle Nass.
Dem Kinde macht es Spaß.
Sieht ihn eintauchen.
Wird jauchzen.
Punkte, Kreise, Ringe gleiten,
Sich auf dem Wasser ausbreiten.

Verschwunden der Stein vom Kind.
Es wehte nur noch der Wind.
Hinab in die Tiefe auf den Grund.
Zum Seestern, farbig und bunt.
Der Stein wurde größer und wuchs.
Auf einer Blume die Biene rastete.
Die Wellen wurden stärker, gehoben.
Das Wasser wölbte sich nach oben.
Der Stein füllte sich mit Luft.
Die Biene ein Plätzchen sucht.
A-ah, der Stein, im Wasser, mittendrin.
Wäre ideal, da wollte die Biene hin.
Die Biene hat einen Stachel, klein.
Der roch nach Honig, besonders fein.
Der Stein war die Haut nicht gewohnt.
Hauchdünn wie ein Luftballon.
Vorsicht war die oberste Pflicht.
Der Luftballon bekam einen Stich.
Der Stein wurde zum steinernen Fall.
Zuerst Luftballon, dann ein Knall.
Nichts blieb übrig, leider nein.
Vergangenheit, geplatzt, der Stein.

Da es gerade Frühjahr war, sah Biggi viele Gänse und Raben.

Sie unterhielten sich laut und Biggi verstand nur das Wort „verwässern".

Neugierig war Biggi schon, wie Raben und Gänse etwas verwässern wollten.

Erstaunt wich Biggi zur Seite, um keine nassen Füße zu bekommen.

Rabe und Gans

Der Rabe saß – noch allein – auf einem Ast nahe dem Eisweiher.

Der Waldrand, der nach frischem Grün duftete, eignete sich gut für die Vögel. Hier war frühmorgens ein beliebter Treffpunkt. Da gehörte den Tieren dieser blitzsaubere Weiher.

Die Sonne schickte ihre Strahlen herab. Diese spiegelten sich in der Wasseroberfläche. Unterbrochen wurde der glatte Wasserspiegel durch leichte Wellen, die die vielen Enten beim Schwimmen entstehen ließen.

„Ich soll die Situation verwässern", krächzte der Rabe und überlegte laut weiter: „Verwässern, verdünnen, vergrößern."

Eine Gans hörte seinen Gedankengang und sinnierte mit schnatternder Stimme: „Vergrößern, das ist eine gute Idee. Wir brauchen viel mehr Platz. Der Weiher wird uns allen zu klein. Vor allem im Sommer, wenn die Kinder zum Planschen kommen." „Oh", meinte der Rabe stolz, „das wäre eine Überlegung wert." Er flog herab auf die Wiese. Beinahe wäre er in den Schiss getreten. „Kannst du das nicht woanders hinmachen?"

Die Gans hatte sich zum Raben gesellt. Sie ließ gleich noch einmal etwas hinter sich fallen und trat etwas zur Seite. „Wenn ich aufgeregt bin, muss ich den Schiss loswerden."

Der Rabe schüttelte angewidert den Kopf und wandte sich wieder seinem Projekt zu. „Dann werde ich mir mal die Weiheroberfläche an einem Randstück schnappen."

„Ahhh, gut gemacht", lobte er sich selbst. Um sich noch besser abstützen zu können, grub der Rabe seine Krallen in das grüne, trockene Gras. Den Wasserrand im Schnabel zog er nun kräftig an. Das fühlte sich wie Kaugummi an. Je länger man zieht, desto länger wird er.

Die Gans beobachtete das Vorhaben des Raben. „Nein, nein, so geht das nicht", dachte sie für sich. Zum Raben schnatterte sie hin: „Du kannst das nicht allein machen." Und mit lautem Geschnatter rief sie ihre Artgenossen zu Hilfe: „Kommt alle her, wir brauchen Verstärkung!"

Auch der Rabe hörte diesen Ruf: „Die Idee ist gut", befand er und krächzte den Seinesgleichen zu: „Kommt alle her, ich brauche eure Verstärkung!"

Der Rabe und die Gans waren sich einig. Es dauerte nicht lange, da kamen die Gänse auf der Wiese angewatschelt. Die Raben kreisten zur Übersicht kurz über den Weiher, um sodann neben den Gänsen zur Landung anzusetzen. Gemeinsam wurde das Projekt „Ausdehnen" besprochen. Gesagt, getan: Die Gänse verteilten sich alle in einem Meter Abstand um den Weiher herum. Dazwischen platzierte sich jeweils ein Rabe. Die kecke Gans schnatterte laut: „Ich übernehme das Kommando. Auf drei geht es los: EINS – ZWEI – DREI ..."

Mit vereinten Kräften wurde die Wasseroberfläche in die Länge und zugleich in die Breite gezogen. Das war ein Remmidemmi! Nach einiger Zeit ließ sich der Rabe neben der Gans laut schnaufend ins Gras fallen: „Auftrag erfüllt: Ich habe die Situation verwässert."

In der Gemeinde und vor allem im umliegen-
den Land gab es viel zu entdecken.
Vogelgezwitscher vernahm Biggi und sie hörte
aufmerksam zu:

Kuckuck und der Fleck
Der Kuckuck im Schinder Taxet von Ismaning

Es war einmal in Ismaning.

Das kleine Wäldchen, der Schinder Ta-xet am Rande der Gemeinde, das durch sein Grün und der frischen Natur mit aus-gewogenem Sauerstoff für Erholung sorgt, hat viele Fitnessgeräte aus Baumstämmen.

Es ist ein sportlicher Anziehungspunkt für die Einwohner der Gemeinde Ismaning, für die Menschen aus der Stadt,

für uns,

für dich

und für mich.

Hat der Winter seine weiße Schneedecke eingerollt, hält der Lenz Einzug. Das Schinder Taxet bekommt neues, frisches Grün, die Tannen bekommen helle Spitzen und der Nachwuchs der Tiere erblickt die Welt. Der Kuckuck ist in diesem Wald ebenso zu Hause und ruft im Frühjahr durch die klare Frühlingsluft. Der Seebach, mit einer Abzweigung für den Gleißenbach, plätschert mit seinem glasklaren Wasser. Die Vögel finden ihren geeigneten Platz, ob innerhalb des Waldes oder an dessen Rand, und verzaubern uns mit ihrem Vogelgezwitscher. Eine geteerte Brücke am nördlichen Waldrand führt über das nasse Element, den Seebach, und wir lassen uns durch die Beobachtungen nichts entgehen.

Die Wasseramsel zeigt sich auf dem herausragenden Stein mitten im Bach. Trinkt ihr Wasser, fängt Insekten und zwitschert ihre eigenen Melodien. Winzig kleine Schnecken, mit einer Größe von ein bis zwei Millimetern, schleimen sich über das Brückengeländer.

Enten und Gänse lassen sich von den See-
bach-Wellen treiben, um im Weiher die Mor-
gen- und Vormittagsstunden zu genießen.

Als Biggi auf der Brücke träumerisch in das
Seebach-Wasser blickte, durchstreifte ein
Sonnenstrahl die Wasseroberfläche. Es war
eigentlich ein dämmriger Morgen. Seltsam
kam es ihr schon vor, da sie an der Nordsei-
te war, und sie folgte mit ihrem Blick den
nassen, doch sanften Fluten. Biggi blickte
auf ihr Fahrrad, das am Geländer ausharrte
und wollte schon aufsteigen und wegfah-
ren. Kaum hatte sie das Lenkrad berührt,
war der helle Strahl auf der Wasseroberflä-
che verschwunden.

Der Kuckuck lenkte sie ab, denn sie griff
in die Seitentasche ihres bordeauxroten
Anorak und hielt ein Geldstück fest in der
Hand. Es heißt, wer den Kuckuck im Frühjahr
zum ersten Mal rufen hört, soll ein Geld-
stück fest in der Hand halten, damit die Kas-
se nie leer bleibt.

Währenddessen, das Fahrrad war wieder
am Geländer geparkt, erschien der helle

Lichtstrahl an einer anderen Stelle der Wasseroberfläche. Gebannt sah Biggi auf den stillen, hellen, sich ausruhenden Fleck. Die Wasseramsel zwitscherte auf dem Felsen. Der Kuckuck rief erneut. Unter dem hellen Fleck gluckerte der Seebach weiter vor sich hin. Ihr Handy brummte im Dampflock-Ton in ihrer Seitentasche und Biggi holte es hervor. Sie las den Text, und diese Nachricht brachte sie in die reale Welt zurück: „Wo bleibst du?" Sie schrieb zurück: „Ich muss den hellen Fleck klären, dann komme ich." „Welchen hellen Fleck?" Aber sie antwortete nicht, denn sie wollte lieber gleich nach Hause radeln. Kaum hatte sie das Lenkrad wieder in der Hand, war der helle Fleck verschwunden. Sie wendete ihr Rad von Osten nach Westen und als sie in die Pedale trat, ein paar Meter schon gerollt war, entdeckte sie den hellen Fleck an einem dicken Baumstamm.

Da wurde ihr klar, dass dieser helle Fleck, der sie auf der Wasseroberfläche vom Seebach getrietzt hatte, der Lichtstrahl ihrer weitreichenden LED-Fahrradlampe war.

Zaunkönig und Chor

Der Zaunkönig zwitscherte in aller Früh auf einem Weidenast. Seine liebliche Stimme war gut ausgebildet und er war stolz auf sich. Die Amsel kam vorbei und setzte sich auf den nächsten Ast. Zaunkönig und Amsel zwitscherten im Duett. Der Star hörte davon und gesellte sich dazu. Dreistimmig. Klang das herrlich. Da kam der Spatz angeflogen. „Darf ich mitsingen?" „Solange du nicht falsch zwitscherst." „Ich habe was mitgebracht", zwitscherte der Sperling. Sofort hörten sie zum Zwitschern auf und alle wollten das Mitgebrachte sehen. „Ein Blatt Papier, ja und?", piepste die Amsel und flog wieder zum Ast zurück. „Noch dazu vergilbt und zerknittert", piepste der Star und flog zurück auf seinen Ast. „Ja, wartet mal", hörten alle den Zaunkönig aufgeregt zwitschern, „das sind Noten."

Jetzt kam die Amsel neugierig zurück. „Da steht mein Name darauf.", piepste die Amsel. „Mein Name steht auch drauf. Seht mal: Star. Allerdings steh ich an letzter Stelle." „Mach nicht so ein Theater", zwitscherte der Zaunkönig, „mein Name steht überhaupt nicht drauf. Außerdem sind die Noten das Wichtigste." „Ein Notenblatt also", zwitscherte die Drossel. „Was kann man damit machen?" „Auffressen?" Sie zwitscherten quer und durcheinander.

Der Rabe kam angeflogen. „Darf ich mitsingen?" „Was? Du und singen – das nennt sich eher krächzen." Traurig flog der Rabe ganz nach oben, bis zur Spitze einer Tanne und krächze leise vor sich hin. Dabei schlug er mit den Flügeln.

Der Zaunkönig sah ihm nach und hatte eine glänzende Idee. „Hei, Rabe, ich habe eine tolle Idee." Der Rabe kam zurückgeflogen und krächzte: „Welche? Darf ich jetzt doch mitsingen?" Jetzt lachten alle zwitschernd. „Nein, du kannst nicht singen. Kapier das doch mal." Der Zaunkönig bat alle um Ruhe: „Meine Idee ist: Wir gründen einen Chor." „Aber der Rabe darf nicht mitsingen. Dann bin ich sofort weg ..." Der Zaunkönig unterbrach den Star. „Halt, halt, jetzt hört doch mal meine Idee zu Ende." „Mach schon, spann uns nicht auf die Folter.", rief der Spatz dazwischen. Eine leise, zwitschernde Runde ertönte: „Mit dem Chor seid ihr hoffentlich alle einverstanden." Sofort nickten alle mit ihrem Kopf und tirilierten ein Ja: „Tirili, tirila, trallala." „Wir sind kein Kasperlverein mit Trallala!" „Jetzt spuck deine Idee endlich aus." „Wir gründen einen Chor." „Du wiederholst dich." „Der Rabe ..." Kaum hat der Zaunkönig das Wort „Rabe" ausgesprochen, zwitscherten wieder alle durcheinander. „Ruhe!" Endlich kam der Zaunkönig dazu, seinen Satz zu Ende zu sprechen: „Der Rabe bekommt einen Taktstock und wird unser Dirigent sein."

Jetzt waren alle einverstanden. Der Rabe klopfte mit einem Bambusstock, den er am Wegesrand gefunden hatte, auf den Baumstamm. „Die Chorprobe kann beginnen."

Am Seebach entlang geht ein schmaler Weg.
Mit Bäumen gesäumt zwischen Weg und See-
bach und auf der anderen Seite der Garten-
zaun.

Ein ganz besonderer Baum kommt in Sicht. Die
Rinde, im untersten Teil ohne Zweige, jedoch
mit Wurzeln verbunden, zeigt uns den Frosch.
Der Frosch klammert sich an den Baum und
blickt zum Seebach. Hoch oben in der Baum-
krone klopft der Specht seine Höhle. Der Frosch
möchte was erleben, denn der Seebach kommt
vom Weiher. Dort will der Frosch mal hin.

Specht und Froschtraum

Es war einmal ein dicker,
alter, behäbiger Baum.
Oder war es nur
ein phantastischer Traum.
Oben im Stamm da wohnte der Specht.
Er hatte ausgehandelt sein Wohnrecht.

Darunter, unten an der rauen Rinde.
Mit einer großen Krone auf der Linde.
Ganz unten klebte am Stamm.
Ein brauner Frosch, er blickte alle an.

Oh, könnte ich mich vom Baum abheben.
Dann könnte ich die Welt erleben.
Dachte der Frosch, und sprang.
Vom Baume, weg vom Stamm.

Der Frosch hüpfte vergnügt zum Weiher.
Dort gab es für alle eine tolle Feier.
Der Specht klopfte alle zusammen.
Der Vogelchor zwitscherte, sie sangen.

Der Frosch quakte aus voller Brust.
Frau Fröschin quakte voller Lust.
Lass uns träumen für eine Nacht.
Dann habe ich mein Werk vollbracht.

In der Nacht wurde gegessen.
Der Frosch hatte es nicht vergessen.
Pünktlich um Mitternacht.
Hatte er sich aufgemacht.

Am anderen Morgen, ei, ei, ei.
War der Zauberspuk vorbei.
Der Specht klopfte – aus der Traum.
Der Frosch klebte wieder am Baum.

Frau Fröschin sah stumm
Junge Kaulquappen um sie herum.
Ihr Liebster klebte weiterhin am Baum.
Sie träumt alleine weiter den Traum.

Aus der Ferne vom Schloss kommend, hörte man den Hausmeister jammern: „Was ist geschehen, was passiert gerade auf den vielen Spielplätzen?"

Specht und Ameisen

Um sieben Uhr, am frühen Morgen, schwang der Gärtner sich aus seinem warmen Federbett und begann seinen Arbeitstag nach seinem vorgeschriebenen Arbeitsplan. Er sah die Nachrichten auf seinem Handy durch und ihm stockte der Atem: „Ameisen-Alarm!" „Wird schon nicht so schlimm sein", brummte er, richtete seine Lederhose, schnürte seine Haferlschuh', setze seinen Hut auf, und ging direkt zur Gemeinde, die im Schloss untergebracht war.

Das frisch renovierte Schloss glänzte im warmen Sonnengelb und der Schatten der Sonnenuhr zeigte die Winterzeit an. „Da gibt es keine Sommerzeit-Umstellung", brummte er vor sich hin, „ich wäre für die Sommerzeit." Aufgeregt kam ihm die Sekretärin am noch abgesperrten Eingang entgegen. Umständlich, als ob sie noch nie den Schlüssel in der Hand gehabt hätte, sperrte sie auf und rief: „Bartl, ...", der eigentlich Bartholomäus hieß, sah sie an, aber sie musste erst Luft holen. „Bartl, du musst sofort alle Spielplätze inspizieren." Bartl lächelte sie an: „Ich weiß, eine Ameiseninvasion in unserer Gemeinde!" Nein, Bartl nahm die Sache nicht ernst. „I' geh' scho'." Bartl drehte sich um und ließ die verdatterte Sekretärin am Eingang stehen, die wie versteinert dastand. Bartl blickte zurück, sah kurz hin und winkte ihr freundlich zu.

Seine Gedanken arbeiteten. Ameisen? Wie kann man ein Ameisenproblem lösen? Gift kam nicht in Frage. Wasser, das wäre zu überlegen. Aber nein, die Ameisen würden sich verkriechen und bei Trockenheit wieder herauskommen.

Er war am ersten Spielplatz angekommen. „Ja, Himmi-sakrisch!", entrutschte ihm der Verzweiflungsruf. „Do san doch a Haufa Ameis'n! Ja, wo's wollt's ihr denn do?" Der Gärtner war verzweifelt, als er bei seinem Rundgang durch die Gemeinde bei einigen Kinderspielplätzen immer das gleiche Problem sah. Als Angestellter der Gemeinde gehörte das Sauberhalten und das Kontrollieren zu seinem Aufgabengebiet. Das heute war ihm zu viel.

Bei einem Waldkindergarten, der in privaten Händen lag, sah er über den Zaun hinein. Der Wald gab Schatten ab, aber wo die Sonne sich den Weg auf den Waldboden machte, sah es anders aus: „Das gleiche Problem!", dachte Bartl und laut meinte er: „Wie sollen die vielen Ameisen satt werden?"

In den USA, wenn die Termitenplage ist, werden die Häuser in Plastik eingewickelt. Die Ameisen flüchten und suchen sich ein neues Heim. „Wie soll man die Spielplätze in Plastik einwickeln?"

Er saß am Weiher, sprach brummend vor sich hin und wollte sich von dem langen Rundgang erholen. Sein Handy klingelte. Die Sekretärin war dran: „Wie sieht es aus?" Per Handy gab Bartl seinen Bericht ab. Ein paar Minuten wollte er die Stille genießen, das Problem abschieben.

Die Stille am Waldrand wurde vom Klopfen unterbrochen. „Hallo, Specht Spefon. Weißt du eine Lösung?" Der Specht Spefon klopfte sein „Drrrt." Dann flog er zum Bartl hin. Eigentlich bekam er immer einen Leckerbissen von ihm. „Hast du nicht was vergessen?" Bartl holte aus der Jackentasche eine Nuss hervor: „Tschuldigung, ich war in Gedanken." Der Specht klopfte an seinem Hut an: „Erzähl von deinem Problem." „Ameisen! Ganze Horden belagern unsere Spielplätze." „Ja, meine Frau ist begeistert davon. Sie füttert damit unseren Nachwuchs." „Das wäre die beste Lösung und noch dazu biologisch!" Der Specht Spefon klopfte mit einem „Drrrt" auf seinen Hut ein: „Ich könnte den Ameisen einen

Schrecken einjagen." „Tja, die Idee ist gut."
Bartl wischte mit einem Taschentuch seine
Stirn ab: „Allerdings, du weißt doch, dass
wir viele Spielplätze haben." „Das ist für
uns kein Problem." Der Specht Spefon flog
auf die Banklehne und machte unmissver-
ständlich „Drrrt, drrrt, drrrt", und meinte:
„Ich werde mit meinem ‚Drrrt' die Trommel
rühren und gegen Mittag ist dein Ameisen-
problem gelöst."

Amsel Anna ist tot

Julia hatte die Tür abgesperrt und wandte sich dem Heimweg zu. Sie ging die drei Stufen hinab. Der gepflasterte Weg war von Wiese und Rabatten gesäumt. Die blauen Veilchen dufteten mit den Frühlingsblumen um die Wette. Sie hatte Zeit und nahm die Veilchen in Augenschein. Die violetten Blütenblätter zeigten eine filigrane Maserung. Der gelbe Mittelpunkt mit dem Blütenstempel war zart integriert und mit gelben Stahlen versehen. Gleich daneben auf dem Rasenstück lag ein toter Vogel. Traurig blickte Julia genau hin. „Nein", murmelte sie, „du bist nicht tot." Die Amsel bewegte sich unmerklich. Sie hat ein schwarzes, glattes Gefieder an Kopf und Körper. Am gelben Schnabel erkannte sie ihren Lieblingsvogel.

Julia sah genau hin. Sie befolgte die Anweisungen, die sie über verletzte Vögel gelesen hat: Die Kopf- oder Schwanzschiefhaltung war normal. Ihre Flügel hängen nicht herunter. Die Füße und Zehen zeigen eine normale Stellung. Warum liegt sie dann da? „Ich werde dich Anna nennen." Sie ging zurück und holte ein grünes, sauberes Handtuch. Der Schuhkarton von ihren neuen Schuhen bekam Luftlöcher. Gewappnet mit dem notwendigen Zubehör ging sie zur Amsel Anna. Behutsam, mit beruhigenden, leisen Worten sprach sie mit dem Vogel. Mit dem Küchenkrepp hob sie die Amsel auf. Sie hatte keine blutenden Wunden.

Der traurige Blick von Amsel Anna brannte in ihrer Seele. „Ich werde dir helfen." Sie legte Anna auf das gepolsterte Handtuch in den Schuhkarton und legte den Deckel darauf. Sie brachte die Amsel Anna an einen ruhigen Ort, damit sie sich erholen konnte. Sie gab ihr kein Futter, damit sie nicht ersticken musste. Sie gab ihr kein Wasser, denn verletzte Vögel könnten ertrinken. Sie ließ Amsel Anna vier Stunden im abgedunkelten Raum ausruhen. Erst dann schaute sie vorsichtig unter den etwas geöffneten Deckel.

Die Amsel Anna hatte sich erholt. Ihre beruhigenden Worte begleiteten die entspannte Amsel. Sie zeigte keine Lähmungserscheinung und hatte keine Krampfanfälle. Julia ging zum Fundort vor dem Haus und öffnete vorsichtig den Deckel. Der klare Blick signalisierte ihr: „Ich bin wieder fit und agil und will frei sein." Die Amsel Anna piepste und hüpfte über das Handtuch zum Kartonrand. Zuerst tappte sie auf der Wiese benommen umher. Noch ein Piepsen, und Anna flog in die Lüfte.

Anna war wieder frei.

Amsel Anna ist fleißig

Julia war überglücklich, dass sich Anna erholt hat. Sie schenkte ihr die Freiheit und brachte am nächsten Tag eine Vogeltränke mit. Sie stellte diese auf die Terrasse vor ihrem Arbeitsraum.

Das Vogelhäuschen war im Winter immer gut besucht.

Kaum hatte sie das erfrischende Wasser hineingegeben, kam die Amsel zu Besuch.

Julia saß bereits auf der Bank. Die Amsel badete vergnügt im Wasser. Julia sprach beruhigende Worte. „Ja, du bist die Amsel Anna. Ich habe dich sofort erkannt." Sie streute vorsichtig Vogelfutter in den kleinen Keramikuntersetzer auf der breiten Balustrade.

Julia wartete ab. Auf der Bank beobachtete sie geduldig die Amsel Anna und all die anderen Vögel. Anna wurde immer zutraulicher. Hüpfte auf der Balustrade hin und her. Amsel Anna zwitscherte eine fröhliche Melodie.

Julia hatte die Terrassentüre weit geöffnet. Sie war Physiotherapeutin und versah Biggi mit gekonnten Handgriffen. „Wo liegt der Schmerz genau?" Biggi war schon regelmäßig in Behandlung. Sie lag auf dem Bauch und ihr Blick ging zur Terrassentüre. Da saß doch tatsächlich eine Amsel und sah ihnen zu. „Na du bist mir ein netter Vogel." Amsel Anna hüpfte kurz hin und her und flog weg.

„Das ist Amsel Anna. Sie kommt mich regelmäßig besuchen, denn ich habe ihr das Leben gerettet." „Das ist ja toll. Die Amsel ist zutraulich. Wie haben Sie das geschafft, einen in der freien Wildbahn lebenden Vogel zu bändigen?"

„Geduld.
Abwarten.

Beobachten.

Mit leisen Worten habe ich immer zu ihr gesprochen."

Julia konnte stolz auf sich sein. Biggi sprach mit Julia leise weiter. Tatsächlich kam die Amsel zurück. Sie zwitscherte und zwitscherte. „Sie will uns was erzählen."

Am Boden war noch ein Keramikuntersetzer mit Vogelfutter. Anna bediente sich und kleinere Kerne flogen durch die Luft. Biggi vergaß ihren Schmerz und sah fasziniert Amsel Anna zu. Die hüpfte unbeschwert durch die Wohnung. Holte sich einen Happen. Trank aus der Vogeltränke und wagte sich immer näher an die Menschen.

Biggi war fertig. Beide setzten sich auf einen Stuhl und Julia streckte die Hand aus. Die Amsel flog auf ihre Hand. Schnappte sich ein Körnchen. Amsel Anna knabberte an ihren Lieblingsfutter herum. Biggi streckte ebenfalls ihre Hand aus. Die Amsel zeigte keine Scheu und hüpfte hin und her. Nur wenn man zu laut war, flog Anna erschreckt zur Türe hinaus.

Biggi war wieder zur Physiotherapie gekommen. Leise Musik plätscherte durch den Raum. Biggi lag auf dem Bauch und sah zur Terrassentüre. Amsel Anna kam angeflogen und setzte sich auf die Hand von Biggi. „Hallo Anna, freut mich dich zu sehen." „Hallo Biggi, noch allein?", zwitscherte Anna. „Kannst du mich am Rücken massieren?" „Sicher. Ich werde es dir zeigen." Anna flog auf den Rücken und tappte hin und her, als wüsste sie, wo der Schmerz weggetreten werden musste. „Danke, Anna, das kribbelt ganz schön in meiner Haut."

Die Türklinke bewegte sich knarrend und Amsel Anna flog sofort zur Türe hinaus. „Tschuldige, ich musste dem Herrn noch helfen." „Macht nichts. Ich habe eine würdevolle Vertretung gehabt!" „Ich sehe niemanden." „Anna war da und hatte mir den Rücken mit ihren Füßen und Krallen gekonnt geknetet." „Anna war da? Das glaub ich nicht." „Julia, setz' dich." „Anna ist sehr neugierig. Vielleicht kommt sie wieder."

Es dauerte nicht lange. Anna kam angeflogen. Zwitscherte zur Begrüßung. Trank aus der Wasserschale. Knabberte an den Körner herum. Biggi und Julia unterhielten sich leise weiter. Anna flog nun direkt auf die Schulter von Biggi. Sie knetete ihre Schulter. Anna zwitscherte fröhlich dazu.

Buchfink und Hoffnung

Von ihrer Krankheit gezeichnet begab sie sich auf dem Weg in eine andere Klinik. Hier sollte ihr nun endlich geholfen werden. Ein neues Medikament ausprobieren. „Einstellen … Abwarten … Hoffnung!"

Es war Ende Oktober und sie war durch die wunderschöne Landschaft, im letzten strahlenden Sonnenglanz gefahren. Morgens gab es noch Nebel, aber nun spiegelten die belaubten bunten Bäume den bayerischen Indiansummer wider. Strahlend weiß stand sie da, die neue Klinik des Professor Hanselmann. Direkt an einem Weiher gelegen, von Einsamkeit und Stille umgeben. Durch Zufall hatte sie erfahren, dass ihr dort geholfen werden könne.

Sie war mit ihrem Kleinwagen gekommen, stellte diesen am vorgesehenen Parkplatz ab. Oben im Baum sitzend zwitscherte ein Buchfink seine Weise. Sie hatte ihn sofort erkannt, denn er war auf einem Kalenderblatt bei ihr zu Hause abgebildet. Sie nahm ihr Handgepäck und ging zur modernen Eingangstüre. Sie drehte sich um und betrachtete den mit Pflastersteinen angelegten Vorhof. Ein Springbrunnen mit drei Fontänen, die in drei großzügigen Wasserbecken landeten. An den mehrteiligen Blumenrabatten waren Bänke aufgestellt, sie luden die Patienten ein, innezuhalten. Ein paar Statuen, die das großzügige, weitläufige Anwesen auflockerten, lächelten sie freundlich an. Ein weißer Torbogen mit nur noch wenig blühenden Rosen, die versuchten, standhaft den Sommer zu verlängern.

Sie dachte an eine Zeichnung. Wie gerne würde sie wieder malen und zeichnen. Die duftenden Blüten und die Landschaft einfangen. Lange schon hatte sie keinen Stift in der Hand gehabt. „Wenn ich wieder gesund werde, male ich ..."

Sie wischte den Gedanken beiseite und lächelte künstlich: „Wenn ich ..."

Eine Träne bahnte sich den Weg über ihre Wange, die sie unwirsch wegwischte. „Wenn ich? – Ja, wenn ich."

Sie trat auf einen Kieselstein, der auf dem gepflasterten Weg lag, der ansonsten besenrein, sauber und ordentlich angelegt war. Kieselsteine. Ihre Gedanken huschten zur Kieselsteinsuppe. Sie hoffte, dass sie bessere Krankenhauskost bekommen würde als eine armselige Kieselsteinsuppe.

Sie schnupperte. Es war die frische Waldluft, die sie umfing. „Nur Mut!", murmelte Dorothea zu sich selbst, und sah den Buchfink auf dem Ast sitzen. Er zwitscherte ihr aufmunternd zu. „Diesmal wird es bestimmt besser sein, denn die Hoffnung stirbt zuletzt!"

Sie läutete an der runden weißen Glocke, lächelte dem Buchfink zu und trat durch das sich öffnende Portal. Nach der Anmeldung ging sie zu ihrem Quartier, das nicht im Neubau sein sollte. „Wir werden Sie in Haus sechs unterbringen."

Es war schon später Nachmittag und es begann schummrig zu werden. Die abendliche Dämmerung hüllte langsam das Gelände ein. Die ersten Nebelschwaden krochen über den Boden. Auf dem belaubten breiten Weg ging sie durch eine angelegte Platanenallee. Wie ein gutes Omen war der Buchfink an ihrer Seite. Am Ende entdeckte sie, leicht schummrig, ein altes Haus aus der Jugendstilzeit. Der Buchfink war vorausgeflattert und saß auf dem Baum vor dem Haus.

Sie dachte an ihr eigenes Gedicht „Spaziergang bei Annette" aus dem Jahre 2009, damals war sie noch quicklebendig.

Spaziergang bei Annette

Dunkel war der Weg in den Wald hinein.
Ich will es wagen.
Will nicht klagen.
Ausgetretener Pfad, so schmal und rein.
Lass mich von der Natur gern tragen.

Am Ende, sieh', ein kleines Haus,
Die Läden frisch gestrichen.
Bin nicht vom Wege abgewichen.
Ich hatte es mir so gewünscht,
Wollte auf dich nicht verzichten.

Ein schmaler Gang
Zwischen Rhododendronduft.
Dort hab' ich dich gesucht.
So sah ich dich, schlank und rank,
Atmest ein der Natur frische Luft.

Ein Blatt vom Baume fällt.
Im Park, der eingezäunt.
Wege vom Grün gesäumt.
Nur die Liebe zählt.
Einst und heute, wie verträumt.

Ein Buchfink flattert durchs Geäst.
Ein Hase springt in hohem Satz.
Ein Specht klopft in einen alten Ast.
Auf der Spitze ohne Last
Sitzt ein kleiner Spatz.

Durch die Baumkronen blitzt die Sonne.
Frühlingsgrün blinkt überall.
Vereinzelt Blätter sanfter Fall.
Erfüllt mich ganz mit seliger Wonne.
Es zwitschert leis' die Nachtigall.

Zu Ende ist der Weg.
Kein Einlass in dies zarte Reich.
Verschlossen schon seit langer Zeit.
Daneben ein Bach mit einem Steg.
Niemand in verträumter Einsamkeit.

Ich bin allein.
Höre den Kuckuck rufen.
Werd' weiter nach dir suchen,
Die Liebe immer buchen.
Oh, Liebster, lass mich nicht allein.

Sie stand vor Haus Nummer sechs. Der ockerfarbene Giebel, verziert mit kleinen, herabhängenden, bemalten Brettern und die verschnörkelten Dachrinnen mit Drachenköpfen sprangen ins Auge. Im oberen Giebeldreieck befand sich ein hölzerner Balkon mit einer Lüftelmalerei. Sie sah auf ihren Schlüsselanhänger, und „Haus sechs" stand an einer Tafel. An der immer wieder frisch überstrichenen Haustüre, die bereits einige Jahrzehnte ihren Dienst tat, blickte sie durch das kleine Fenster ins Innere.

„Nein, nur das nicht." Sie war entsetzt – über die Gegenwart, über die unbekannte Zukunft, aber es half nichts, sie musste dort hinein.

Sie sah den Buchfink an und schöpfte Mut. Irritiert betrat sie den gewölbten Eingang. Sie fühlte sich beobachtet, von allen Seiten beäugten sie Ahnen aus dunklen Ölgemälden. Fluchtartig betrat sie die breite Treppe, die knarrend nach oben führte. Sie hatte nur noch den Wunsch, sich in ein Bett zu verkriechen. Die Zimmernummern stimmten nicht überein, sie musste weitersuchen und hastete die Stufen hinauf, betrat den nächsten Korridor.

Endlich in ihrem Zimmer angekommen, drückte sie mit letzter Kraft die richtige Türe auf und schleppte sich ins Zimmer. Tränen rannen ihr über die Wangen. Laut fiel die Tür hinter ihr ins Schloss. Das ausgesperrte Flurlicht versetzte den Raum in eine graue Dunkelheit. Umgeben von Finsternis tastete sie nach dem Lichtschalter und war froh darüber, als das Zimmer von Helligkeit durchflutet wurde.

Sie warf ihr Handgepäck auf einen Stuhl gleich neben einem kleinen Tischchen und sah den Vorhang, der ihr nach draußen wehend den Weg auf den Balkon wies. Hoffentlich steht niemand draußen? Langsam und vorsichtig schlich sie sich an die Balkontür, sah den matten Lichtschein, der den Gartenstuhl beleuchtete, und schloss schnell das Portal zur Außenwelt.

Sie lehnte sich an die braungerahmte Türe, ihr Atem wurde langsamer und nun sah sie das große Bett, den Bademantel, der an einem mit Blumen bemalten Bauernschrank hing, und hatte nur noch den Wunsch, sich im Bett zu verkriechen.

Kaum hatte sie die Bettdecke bis zum Kinn hinaufgezogen, wurde ihr bewusst, dass sie noch angezogen war. Sie sollte aufstehen und sich umziehen. Vorsichtig öffnete sie ein Auge, bemerkte, dass ein Lichtstrahl etwas Helligkeit an die Wand warf. Doch als sie aufstehen wollte, war ihr Bademantel verschwunden und sie hatte einen giftgrünen Jogginganzug an. Sie hasste Jogginganzüge, und dann noch in einem ekelerregenden Giftgrün. Wer hatte ihren Koffer gepackt? Vor Schreck erstarrt, sah sie zur Balkontür, die wieder offenstand. Kalter, feuchter Nachtwind ließ sie frösteln, und der modrige Geruch des vor längerer Zeit gemähten Grases drängte sich ihr in die Nase. Ein weißer Nebelschleier schwebte wie ein tanzender Geist durch ihr Zimmer. Lautlos erstickte ihr Schrei. Sie wollte wieder gesund werden – nicht erneut mit Unbekanntem belastet sein.

Es polterte auf dem Dachboden. Was konnte das sein? Warum musste sie all das ertragen? Sie lauschte … die Geräusche waren schleifend … kratzend … unheimlich. Erschöpft schlief sie wieder ein.

Am nächsten Morgen wurde sie von der Sonne begrüßt. Sie blinzelte. Die Balkontür war das Erste, das ihr in den Blick fiel – sie war geschlossen. Ihr Blick wandert weiter zum Haken neben dem Bauernschrank, und dort hing – so wie sie ihn am Tag zuvor aufgehängt hatte – ihr Bademantel an seinem Ort. Hatte sie alles nur geträumt?

Sie sprang aus dem Bett, öffnete die Balkontür und begrüßte den Buchfink. Sie blickte an sich herunter und sah, sie hatte weder einen giftgrünen noch irgendeinen Jogginganzug an. Zumindest das beruhigte sie.

Dompfaff und Ernestine Fröhlich

Ernestine Fröhlich ist Autorin.
Eine muntere Seniorin.
Kennst du Ernestine?
Die weibliche lustige Biene.

Sie schreibt Gedichte.
Sie schreibt Geschichten.
Am liebsten lacht sie.
Sie fragt nicht warum oder wie.

Sie schreibt Gedichte ganz heiter.
Und schreibt Texte weiter.
Ach, Ernestine, du bist dran.
Wie Veeh-Harfen-Klang.

Ernestine Fröhlich klingt gut.
Ist voller Klang und zeigt Mut.
Über Vogelgezwitscher.
Lässt die Buchstaben plätschern.

Liebt der Vögel Zwitschern.
Wie das Wasser plätschert.
Sie liebt den rosa Ton.
Wie der Dompfaff, wundervoll.

Über phantasievolle Episoden.
Mit Fröhlichkeit durchzogen.
Sie ist kein Papagei.
Sie zaubert Wörter herbei.

Sie verwandelt es in ein Gedicht.
Ummantelt es mit Blumengericht.
Reim dich oder ich fress' dich.
Da hör ich lieber auf, ich meine mich.

Meine Gedanken purzeln weiter.
Zum nächsten Reim, ganz heiter.
Ernestine Fröhlich.
Lächelte schelmisch dazu.

Amsel und Inga Apfel

Frau Inga auf Ismaning im Isarland.
Ein Apfelbaum in ihrem Garten stand.
Und kam der Herbst mit goldenem Blatt.
Aß man sich am Apfel gerne satt.

Um Mittag herum,
der Glockenklang erscholl.
Ringsumher die Bäume
waren mit Blätter gold'.
Frau Inga vom Isarland schenkte gerne
Ihre Äpfel her, den Kinder,
auch in der Ferne.

Ein Junge bei der Schule stand, hold.
Ich schenk dir einen Apfel
im Herbstegold.
Ein Mädel kam, Inga sah ihre Augen.
Ich schenk' dir gern einen Apfel,
hab Vertrauen.
Jedes Jahr zur Herbstezeit.
Verschenkte Inga Äpfel, weit und breit.
So viele Jahre wollte sie das gerne tun.
Bis es wird Zeit zum Ausruh'n.

Das wird bestimmt noch lange dauern.
Bis man um ihr Lachen trauert.
Und kommt der Herbst in das Land.
Ist allen Kindern Frau Inga bekannt.

Wenn du mal wirst von uns gehen.
Die Kinder deine Freundlichkeit verstehen.
Dann werden sie dir zum Andenken
Einen Apfel, in dein Grab, dir schenken.

Keimt der Kern zur Frühjahrszeit.
Dann kommt irgendwann die Erntezeit.
Dann, ihr Kinder, kommt vorbei zur Jause.
Holt euch euren Apfel für der Pause.

Es keimt der Kern, in der Heimat Erde.
Wachse und gedeihe, zeige dein Werden.
Es duftet die Blüte, die Biene kommt.
Holt sich Honig, für das zu Hause,
wo sie wohnt.

Der Vogel, er zwitschert am Ast.
Spatzen, Amsel, Star, alle haben Platz.
Zuerst kommt der Vogel – tolles Fest.
Sie verstecken im Blätterwald ihr Nest.

Der goldene Herbst wird geboren.
Es fallen die Äpfel auf den Boden.
Igel und Schnecken
gerne daran schlabbern.
Können auch die Vögel daran knabbern.

Rotkehlchen und Blatt

Das Rotkehlchen saß auf der Spitze eines Baumes und sah in die Runde. Ein Dutzend Tannen ragten sichtbar über dem dichten, herbstlichen Mischwald, dem Schinder-Taxet, in die Höhe. Die Gebirgskette im Süden war klar, zum Greifen nah erschienen die Berge. Der Parkplatz war nur spärlich belegt, und der Herbstwind wirbelte trockenes Laub über die geteerte Fläche. Mal stärkere, mal schwächere Böen zerzausten das Gefieder des Rotkehlchens.

Vor dem Waldkindergarten tummelte sich ein Schwarm Schwalben im niedrigen Flug. „Ich will mit euch mitfliegen", rief sehnsüchtig das Rotkehlchen. Doch ohne eine Antwort waren die Schwalben blitzschnell weitergeflogen. „Dann halt nicht", dachte die

Zurückbleibende. Das Rotkehlchen blickte der Keilformation enttäuscht hinterher. Die Luft roch nach Herbst, nach modrigen Blättern, als das Rotkehlchen entlang des Gleißenbaches im niedrigen Flug dahinflatterte. Auf dem stetig dahinfließenden Rinnsal schwammen schon einige Herbstblätter in Gelb, Rot oder Braun. „Stopp!", zwitscherte das Rotkehlchen energisch den Blättern zu. Ein weiteres Rotkehlchen wurde auf Rosa aufmerksam. Merklich nahm der Wind ab, und die langsam aufgehende Sonne kämpfte sich mit aller Kraft durch die Wolkenfetzen.

Rotkehlchen Rudi kam angeflogen: „Hallo, Rosa, darf ich dich einladen?" Schüchtern hob Rotkehlchen Rosa ihr Köpfchen. Er sah in ihre braunen Augen und sie hauchte ein zartes „Ja." „Wie wäre es mit einer Bootstour auf dem Gleißenbach und dem Eisweiher? Möchtest du ein braunes Blatt besteigen oder wäre dir ein gelbes lieber?" „Bitte das rote Ahornblatt, mit seinen schönen Zacken." Die Zacken waren bereits durchs Trocknen nach oben gewölbt. „Es sieht wirklich aus wie eine Gondel", stimmte Rotkehlchen Rudi seiner Auserwählten zu, und angelte nach dem Laubblatt. Rotkehlchen Rosa gesellte sich zu Rotkehlchen Rudi. Rosa fühlte das Schwanken des winzigen Schiffchens und sinnierte gerade noch vernehmbar: „Etwas größer wäre vernünftiger. Hoffentlich kippen wir nicht um." Rosa tippte sanft auf einen Zacken des Blattes und schon wurde es doppelt so groß. „Jetzt haben wir beide Platz." Das Blatt verdoppelte seine Größe abermals, als Rudi einen weiteren Zacken antippte. „Bitte schön, meine Liebste. Bestimmt kann das Blatt auch fliegen. Woll'n wir das versuchen?" „Ein Rundflug, ja bitte. Eine Brise spüren", jubilierte Rosa. Der Wind hörte die Rotkehlchen zwitschern und gab dem Blatt kräftigen Auftrieb. Das Blatt erhob sich mit dem Wind über die Wiese, auf der sich Graugänse tummelten. Rotkehlchen Rosa schmiegte sich eng an Rotkehlchen Rudi, damit sie nicht davonwehte. Der nahm sie zärtlich unter seine Flügel. Unter ihnen erstreckte sich der Eisweiher in seinem morgendlichen Nebelgewand. Sie landeten auf einer kleinen Insel, ihren Gleiter schubsten sie an Land. „Darf ich bitten?", flötete Rotkehlchen Rudi. Im Hintergrund tauchte aus dem Gebüsch eine Schwalbe im schwarzen Frack auf. Sie brachte das nach Körnern duftende, ausgewählte Mahl und frisches Wasser zum Trinken. Staunend bedankte sich Rotkehlchen Rosa und stellte für sich fest: „Rudi hat alles vorher schon geplant." Angetan von seiner charmanten Art freute sich Rosa auf das Zusammensein in trauter Runde. Beide fühlten sich wie im siebten Himmel. Leise Musik wehte aus dem Lautsprecher eines nahe gelegenen Hauses herüber. „Zwei auf einer Bank …" – alte Schlagerschnulzen waren genau das Richtige. „Die Liebe ist ein seltsames Spiel …" Rotkehlchen Rosa und Rudi verbrachten harmonische Stunden.

Erste Regentropfen kündigten klopfend an, dass ihr lauschiges Vergnügen sich seinem Ende neigte. Eine Schwalbe kam herbei und errichtete aus dem Ahornblatt ein schützendes Dach. Doch der Wind blies so kräftig, dass der Unterschlupf erzitterte. Ein Pfosten wurde am Blatt befestigt und fest im Boden verankert. „'Tschuldigung", warf der Wind ein, „beinahe hätte ich zu stark gepustet." „Du störst!", entgegnete das Rotkehlchen Rudi erbost, und wandte sich wieder Rosa zu. Vertieft in ihre Herbstliebe schnäbelten sie gesellig weiter. Der Wind lugte zu den turtelnden Rotkehlchen und wiegelte ab: „Ihr seid alt genug, ihr könnt allein nach Hause fliegen. Ich verzieh mich ins Alpenvorland und werd' denen mal 'nen kräftigen Windmarsch blasen." Rudi winkte beiläufig zum Abschied, und schnäbelnd ließen sich die beiden alle Zeit der Welt, viel Zeit.

Hütte, wo bist du?

Die Familie, der sportliche Opa und die ausdauernde Oma waren mit den Enkelkindern in der Tiroler Bergwelt unterwegs. Zuerst waren sie im Silberbergwerk hinter dem Mühltal.

Sie hatten Hunger, und so beschlossen sie, zur Hütte zu wandern. Der gut gelaunte Moritz und die lustige Lucie hatten nichts Aufregendes erwartet. Sie wollten mit Opa und Oma eine Woche in der Abgeschiedenheit im Alpenvorland verbringen.

Jeder hatte seinen eigenen passenden Rucksack gepackt mit der notwendigen Kleidung, das wichtigste Essen und vor allem viel zu trinken. Benni, der Familienhund, durfte mit, aber musste immer an der Leine bleiben, um ja kein Wild aufzustöbern. Fleck-nase wäre ein lustiger Name gewesen, weil er einen Flecken neben der Nase hatte. Er konnte sich am Bach erfrischen. Für ganz Durstige hatte Opa im Rucksack, nur für den Notfall, eine Reservewasserflasche dabei. Am Berghang, es ist der Hausberg, gab es genug erfrischende Rinnsale, die bei Regenwetter anschwollen.

Frühmorgens lag noch der graue Nebel über den schummrigen Wiesen, der sich vormittags aufgelöst hatte. Sie fuhren bis zum Bauern den Berg hinauf. Auf der Fahrt überholten sie bergauf einen Traktor, mit seinen großen dicken Rädern. Das weinrote Auto wurde auf einem Waldrandparkplatz in der Nähe vom Bauernhof abgestellt. Die gepachtete Hütte gehörte dem Bauern. Hier gab es anno 1974 keinen helfenden Lift und keine aalglatte Teerstraße. Hier hieß es, schmale Waldwege zu der besagten Hütte zu laufen.

Jeder nahm sich einen knorrigen, dicken Ast, der als hilfreicher Wanderstock genutzt wurde, und ordentlich, wie die Familie war, hatte jeder die passende Kleidung an. Moritz legte am Parkplatzrand einen Stopp ein, und untersuchte erstmal im Gras die kleinen schwarz-gepunkteten-roten-Käfer, die sich auf den Gräsern versammelt hatten. Überall summten die Bienen, die im großen Schwarm durch die reichhaltige Blumenwiese angelockt wurden. Lucie nahm das Schmetterlingsnetz von Moritz, und jagte nach einem kleinen zierlichen Zitronenfalter, der zuerst auf dem Johanniskraut im Sonnenschein saß. Sie wollte ihn fangen. Aber dieser war schneller und flog davon. Lucie jagte ihm hinterher, und merkte nicht, dass sie sich entfernte.

Opa hörte, wie der Traktor sich näherte, den sie vorher überholt hatten. Das Geräusch war herausfordernd, brummend und sehr laut.

Lucie gab nicht auf. „Gleich habe ich dich, na warte!", sagte sie und stolperte. Sie landete direkt vor dem Traktor, der mit Bremsung ein paar Zentimeter vor ihr stoppte.

Erst jetzt merkte Lucie das Riesenungetüm vor sich. „Nein!", schrie sie voller Angst und rollte sich in letzter Sekunde auf die Seite. Man hörte ihren Schrei und dann ummantelte alle die Totenstille.

Das Herz blieb Opa stehen und Oma rannte sofort los und nahm Lucie in den Arm, um sie zu trösten. Lucie schluchzte: „Ich wollte doch nur den Schmetterling fangen."

Moritz tauchte auf, sah sein kaputtes Schmetterlingsnetz unter dem riesigen Rad vom Traktor. „Typisch Mädchen, und wie soll ich die Schmetterlinge jetzt fangen?"

Opa schüttelte den Kopf: „Da haben wir aber Glück gehabt, Madl!" Er tätschelte die Wange von Lucie. „Kannst du es schaffen?" Lucie nickte. Beide Parteien waren froh, dass nichts passiert war. Sie entschuldigten sich beim Traktorfahrer. Opa rief die Familie zusammen und gab den Abmarschbefehl. Lucie wischte die Tränen weg und marschierte munter mit.

Der mit Tatendrang unterstütze neue Anfang war leicht zu schaffen, denn dieser führte entlang eines Fichtennadel-Latten-zaunes, der die grüne Weide abgrenzte. Bunt gescheckte Kühe weideten in ihrem Wiesenbereich und hinterließen auf der nassen, sumpfigen Wiese ihre tief einge-drückten Spuren. Die hell und dunkel ver-schieden klingenden Kuhglocken konnte man überall hören, um den einheimischen Bauern zu signalisieren, hier ist seine Herde.

Die gut gelaunte Oma stimmte ein lusti-ges Kinderlied an, um die Kinder abzulen-ken, was der bassbrummende Opa mit sei-nem „Mein Vater war ein Wandersmann" laut überstimmte.

Kurz vor dem nächsten Waldrand rief der hungrige Moritz: „Darf ich ein Klappbrot es-sen?" Lucie stimmte ein, ließ sich auf einem dicken Fichtenholzstamm unter einer Tan-ne nieder, und holte sich einen rotbackigen Apfel hervor. Sie biss kräftig hinein, und ließ vor Schreck den angebissenen Apfel fallen. „Igitt!" rief sie, da war ein Wurm drin. Mo-ritz kam näher, holte seine Lupe hervor, die er immer dabeihatte, und untersuchte den glitschigen blassrosa Wurm und bemerkte: „Der ist noch heil, du hast ihn nicht getötet." Demonstrativ nahm er einen kleinen Zweig, stocherte im Apfel herum und jubelte laut auf: „Sieh, ich habe den Wurm gefangen und der muss jetzt Turnübungen auf meinem Stecken machen!" Zu Lucie gewandt sagte er: „Jetzt kannst du den Apfel weiter essen!" Lucie schüttelte den Kopf mit ihren geflochtenen Zöpfen und wisperte: „Ich hab' keinen Hunger mehr und Oma macht eh in der Hütte leckere Pfannkuchen mit Erdbeermarmelade oder Kaiserschmarr'n mit Puderzucker, Rosinen und Apfelmus für uns."

Opa musste über den Wurm lachen. Er ließ die Kinder fünf Minuten herumtoben und brummte abermals: „Weiter geht's! Wir haben noch eine Stunde zu laufen, und das kurze, steile Stück liegt auch noch vor uns. Wir gehen jetzt weiter über den Wiesenpfad zum nächsten Waldrand. Dann geht es in den dichten Wald hinein und, na ja, ihr wisst es eh, ist es nicht mehr weit."

Nach einer weiteren Zeitspanne beschloss der schlaue Opa eine Abkürzung zu nehmen. Er sagte: „Hier kenne ich mich aus, und gleich hinter dem Wald ist unser Ziel." Nach fünfzig Metern lag eine umgefallene, vom letzten Sturm zerrupfte Tanne auf dem Weg und versperrte das Weitergehen auf dem sichtbaren Trampelpfad. Links ging es nicht, da entdeckten sie einen steilen Abgrund. „Scheinbar hat der Winter hier ein bisschen zu stark getobt", meinte Opa. Hinter den Tannen hörte er die Kirchturmglocken von Auffach. „Wir sind auf dem richtigen Weg." Rechts war ein mit Moos bewachsener Felsen. „Okay, den kenne ich nicht", sagte Opa, „den riesigen Felsen werden wir umrunden, dann geht es bestimmt wieder weiter. Wir können uns überhaupt nicht verlaufen, denn die uralte Holzbrücke über den plätschernden Bach dahinter ist unser Ziel."

„Waldesluft ist gesund. Ihr müsst tief einatmen. Ich rieche Pilze", sagte der Opa und fand einen großen Steinpilz. „Und hier sind

Pfifferlinge." Sorgsam wurden die Pilze in den mitgebrachten, luftigen Henkelkorb gelegt. Moritz brachte ihm den schönen roten Pilz weißen Tupfen. „Schau mal Opa, der ist schön rot." Lucie war schlauer und sagte: „Hast du nicht aufgepasst? Die böse Hexe hat Schneewittchen den giftigen Pilz gegeben." „Du mit deinen Märchen. Das war die Schwiegermutter, und das war ein Apfel." „Es gibt keinen giftigen Apfel", sagte Lucie entrüstet. Opa sah sich den Pilz an und meinte: „Oh ja, Lucie hat recht, der Fliegenpilz ist zwar sehr schön, allerdings äußerst giftig." Oma beendete die Diskussion mit dem leckeren Rezept: „Butter in die Pfanne. Die echten geputzten Pilze hinein. Petersilie habe ich dabei. Fertig ist das ...", sprach Oma. „Dazu Semmelknödeln. Mhhh!", meinte der Opa. Lucie rief: „Ein Omelett mit Pilzen kann man schneller fertig machen." „Einverstanden, bevor wir das Pfannengericht machen, müssen wir den Kohleherd anfachen." „Und wer hackt das Holz für den Herd?" „Das hat Papa im Sommer schon gemacht.", sagte Lucie. „Fertig, sonst bekomme ich Hunger, also weiter." Der Magen von Opa knurrte in der Stille des Waldes.

Gesagt, getan, und schon ging es im Gänsemarsch rechts an dem teils abgebröckelten Felsen vorbei und dieser Steinhaufen war breiter als gedacht. Man trällerte wieder aufs Neue und merkte gar nicht, dass dichtes Gestrüpp die Sicht zum Bach versperrte.

„Pssst", machte auf einmal die Oma, „hört ihr den Bach gluckern?" „Nein", sagte Moritz, „ich höre nur den Kuckuck rufen." Schon griff der Opa in die Hosentasche, holte ein Geldstück hervor und hielt es fest in seiner Hand: „Nun", meinte er, „Geldsorgen werden wir dieses Jahr keine haben." Lucie wollte gerade laut loslachen, als etwas an ihr vorbei huschte. „Oma, schau mal, da ist gerade ein Hase vorbeigehoppelt!", und schon raste Moritz flinken Fußes hinterher. Obwohl Opa „Stopp!" rief, hatte sich Moritz schon weit entfernt. Lucie machte es ihm nach, und wollte ebenfalls den Hasen fangen. Benni zog kräftig an der Leine, aber die Oma hatte das vorausgesehen und bremste ihn. Der Hase verschwand hinter einer Biegung und die Kinder sahen sich lachend an. „Komm, wir gehen zurück, sonst finden uns die besorgten Großeltern nicht mehr. Welchen Weg sind wir gekommen?", fragte Moritz und Lucie sagte frei heraus: „Den da." Sie grinsten beide und gingen ein Stück. Es kamen eine neue Abzweigung. Und nun?

In der Ferne rief der Opa, und Lucie, schlau wie sie war, hielt ihre kleine Patschhand an das Ohr. „Ich glaube von da kommt die Stimme vom Opa", sprach Moritz, ebenfalls mit der Hand am Ohr. Sie liefen in die gesagte Richtung. Sie rannten ziemlich schnell, sodass ihnen die Äste des Gestrüpps in das Gesicht schlugen. Lucie rief: „Langsam, ich komme nicht nach!" Moritz drehte sich kurz um: „Dann mach größere Schritte!" Lucie konnte nicht mehr und ließ sich in das Moos fallen. Sie legten sich beide der Länge nach hin und blickte nach oben in die Baumkronen. „Schau mal, der Himmel ist blau und da oben ist ein ganz langer Kondensstreifen von einem Flugzeug."

Nachdem die Stimmen näher auf sie zukamen, entdeckte Moritz einen hellen Fleck hinter vielen Bäumen, wo das Gestrüpp aufhörte. Moritz stand auf, machte einen Abstecher dorthin und rief laut: „Da müsste der Bach sein." Die besorgten Großeltern folgten den Spuren von Moritz und nahmen Lucie gleich mit. Das Rauschen erinnerte an den singenden Wald auf Hawaii in Molokai. Der Junge stand an einem Baum. Seine Hand berührte die raue Rinde. Er blickte daran vorbei. „Pssst!", machte er und hielt den Finger auf den Mund. Leise kamen sie zu ihm hin, und sie entdeckten ein ganzes Rudel Rehe. Opa kam als letzter, mit seinen schweren Schritten trat auf einen Zweig, und das war viel zu laut, denn es knackte in die Stille hinein. Die nun aufgescheuchten Rehe liefen alle davon. Lucie blickte um sich, hörte ein leises Gluckern und entdeckte den stillen Bach. Sie lief darauf zu und hielt die Hände in das fließende Wasser. Sie griff nach dem Sand, ließ ihn durch die Finger rieseln.

Oma blickte nach links und rechts, hob die Schultern hoch und sagte traurig: „Keine Brücke in Sicht." Moritz meinte: „Ich bin vorsichtig und geh' auf den dicken Steinen hinüber." Opa sagte nur ganz kurz: „Nix da, da geht's weiter."

Unter der Hütte, die kurz mal sichtbar war, häuften sich Felsen und viel Gestein. Sie waren an einer kleinen Quelle angekommen, die den Bach speiste. Es hörte sich an wie ein Raunen, das im fließenden Bach langsam in Murmeln überging. Ringsumher lagen die vom letzten Herbst getrockneten Blätter. Lucie hüpfte in einen kleinen Blätterhaufen hinein. „Oma, horch, die rascheln beim Darübergehen."

Ein kurzer steiler Steig war zu überwinden, bei dem man sehr gut aufpassen musste. Sie hatten von oben einen traumhaften Ausblick ins Tal. Papa deutete auf die gegenüberliegenden Berggipfel und erklärte die Namen dazu. Oma sprach: „Irgendwie sind wir a bisserl sehr weit von unserem Ziel abgekommen." Opa wollte nicht klein beigeben und versicherte überzeugend: „Wir sind gleich bei der Hütte."

Ein weiterer, etwas breiterer, sprudelnder Bach kam in Sicht. Moritz trat auf einen flachen Stein. „Gleich bin ich drüben." Moritz sah nach rechts und entdeckte den weiter oben gelegenen zierlichen Wasserfall, den sie kannten. Moritz rief laut: „Ich hab' ihn gefunden." Moritz trat auf den nächsten Stein und – plumps – fiel er in das Wasser. Opa hielt sich den Bauch vor Lachen. „Das freut mich, dass du das Wasser gefunden hast." Moritz zeigt mit dem Finger Richtung Wasserfall. „Opa, darf ich? Wenn ich schon nass bin, kann ich gleich einen Fisch fangen." Moritz stellte sich breitbeinig in den Bach und hielt seine Hände nach unten, wie zum Gebet gefaltet. Drei-, viermal versuchte er den Trick, den er in der Survivalsendung „Überleben in der Wildnis" gesehen hatte. Tatsächlich fing er eine Forelle. Klein und glitschig flutschte sie ihm wieder aus der Hand. Moritz kam ins Schwanken und saß schon wieder im Bach. Oma sah Moritz zu und ermutigte ihn immer wieder: „Das machst du gut!" Lucie sagte: „Psst! Sonst hören uns die Fische." Nach einiger Zeit gab Moritz auf und triefend vor Nässe folgte er der Oma.

Ja, es war der richtige Bach, und sie sahen nun die verwitterte Holzbrücke, die sie eigentlich trockenen Fußes überqueren wollten. Nach der nächsten Biegung sahen sie ihr Ziel. Aus der Hütte stieg Rauch aus dem Kamin gen Himmel.

Kleiber und Schlange

Tags zuvor besuchten Biggi und Hans den Tierpark Hellabrunn und waren von der Vielfalt der Tierwelt begeistert. Im Krokodilhaus, gleich in der Nähe vom Eingang der pinken Flamingos, zeigten sich die starren und nicht zwinkernden Alligatoren mit breitem Maul. Unter Wasser fühlten sie sich sehr wohl. Da kringelte sich eine Wasserschlange, und im Reptilienbereich gab es unterschiedlich kurze, kleine, lange, giftige, gefährliche und große Schlangenarten.

Der Radiosender versprach am Morgen einen sonnigen Tag. Spaziergänge mit dem Hund waren angesagt, zwischen den geernteten Feldern hindurch. Heute wollten sie in die Hütte fahren. Ein paar sonnige Herbsttage in der Stille genießen. Die Fahrt von Ismaning zur Hütte dauerte an die zwei Stunden.

Biggi und Hans schwelgten in Erinnerungen an die Eisbären und Elefanten, als sie auf der Autobahn und dann durch das Wildschönauer Tal zur Hütte fuhren. Eine Teerstraße führt den Berg hinauf. Unterbrochen von einer langen Schneise mit einer Gondelanlage, die den Gästen geboten wurde. Sie führte vom Tal unten bis zum Schatzberg hinauf.

Vor zwanzig Jahren war es ein ruhiges Fleckchen Erde. Man musste zu Fuß eine dreiviertel Stunde durch den Wald gehen, um die Hütte zu erreichen. Mit dem Auto hatten sie nur noch einen geringen Weg zur Hütte. Sie ließen es oben an der Straße stehen, da der Weg durch den Wald durch den heftigen Regen aufgeweicht war. Beide hatten die notwendigen Lebensmittel im Rucksack verstaut.

Die Tannen und Fichten hatten vom letzten Sturm etwas gelitten. Eine Böe hatte eine Schneise gerissen. Die Brombeeren und Blaubeeren waren bereits abgeerntet. Es roch nach Pilzen. Morgen bei Tageslicht wird Hans durch den Wald streifen und Pilze suchen. Die Sonne hatte tagsüber den

Regen dampfen lassen. Eine ideale Zeit für die Pilze. Nach dem Wald öffnete sich eine großflächige Wiese. In der Mitte stand eine große Scheune. Niemand war zu sehen.

Sie kamen an der Hütte an, die an einem leichten Abhang stand. Ein Holzzaun schützte vor dem Absturz. Von unten herauf hörte man einen Bach plätschern. Fünf Stufen führten auf der Ostseite hinauf. Das Balkontürl konnte man von innen verriegeln. Sie betraten den Balkon, der auf zwei Seiten viele schattige Sitzplätze bot. Gleich neben dem Eingang ein langer Holztisch mit zwei Bänken. Eingerahmt von zwei großen Glasscheiben, die Schutz vor Regen und Wind bieten. In der linken Ecke zum südlichen Balkon ein großer Stauraum, der zwei Gasflaschen für den Kühlschrank aufnimmt. Elektrisches Licht gab es nicht. Dafür war die Hütte zu weit abgelegen. Es gab Holz für den Ofen aus dem Wald. Licht von einer Kerze, oder einfach früher schlafen gehen. Direkt hinter der Hütte rannte der Kleiber, wie immer baumabwärts. Es war etwas kühl draußen, weil es in der vergangenen Woche zu viel geregnet hatte, als sie in den halbdunklen, nebeligen Abend in die kalte Hütte eintraten.

Biggi versuchte, den Kohlenherd in Gang zu bringen. Sie wollte die mitgebrachten Speisen, Bratkartoffeln mit Ei, schnell in der Pfanne braten. Die Holzkisten waren ordentlich gefüllt mit den gehackten Holzscheiten. Hans kümmerte sich um andere Dinge und war gerade unten im Keller, dessen Eingang von außen zugänglich war. Als er den markerschütterten Schrei von Biggi hörte, sah er den Kleiber an: „Kannst du mir erklären, was los ist? 'Tschuldigung, Futter gebe ich dir gleich ins Vogelhäuschen." Er tastete sich durch den Nebelschwaden geschwängerten Ausgang an der Südseite der Hütte bis zum Eingang auf der Ostseite. Es waren noch fünf Stufen hinauf. Die schwere Türe wurde von Biggi aufgerissen und sie zitterte am ganzen Körper. Lautstark hörte er die Worte: „Eine Schlange!" Hans schüttelte den Kopf und wollte Biggi in den Arm nehmen und sie beruhigen. Sie stand steinern da und hatte die Hand am Türknauf. „Sieh mal, der Kleiber ist schon da." Sein Blick schweifte über die Bergwelt und er hoffte, dass sie sich beruhigte. „In Tirol gibt es keine Schlangen, höchstens ein paar Nattern, die sich bestimmt nicht bei uns verlaufen haben. Es war, wenn, dann ein Fuchs."

Die Türe war vorher von Biggi heftig ins Schloss gezogen worden und Hans hatte Mühe, die Tür zu öffnen. Biggi hielt die Türklinke voller Anstrengung geschlossen. „Nein, ich meine nicht den Kleiber. Da ist eine beige Schlange mit einem roten Streifen, der den Körper umwickelt. Bestimmt ist die giftig. Wir müssen Hilfe holen!" „Jetzt um die Zeit kommt höchstens die Polizei. Ob die helfen kann, ist fraglich." Er ließ sich überzeugen, aber beider Telefon lag auf dem Tisch drinnen. Hans versprach, Hilfe zu holen, aber Biggi wich nicht von seiner Seite. Überall vermutete sie Tiere, sogar Schlangen, als sie durch nebelige Schattenwelt den Berg hinaufgingen, um dort auf Hilfe zu hoffen.

Der steinige Weg war steil, und an der Kurve musste Biggi kurz halten und durchatmen. Sie ließ jedoch Hans nicht aus den Augen. Sie traten aus dem Waldweg heraus auf die geteerte Straße, die von der Alm ins Tal führt. Das Auto stand dicht gedrängt am Fahrbahnrand. Es glich einem Wunder, als ihnen der Jäger von oben herab entgegenkam. „Freut mich, euch zu sehen, wie lange wollt ihr bleiben? Ich komme euch morgen zum Frühstück besuchen." Die sternenklare Nacht hat die Abenddämmerung abgelöst. Leichter Wind ließ die beiden frösteln, da ihre Jacken in der Hütte lagen.

Hans berichtigte ohne Punkt und Komma von der Schlange, die in ihrer Hütte Unterschlupf gesucht hat. Biggi konnte nur die ganze Zeit mit dem Kopf nicken. Der Jäger in seinen dicken Wanderschuhen stellte sich breitbeinig vor die beiden hin. Den grauen Filzhut mit der breiten Krempe hatte er in die Stirn gezogen. Mit dem Finger tippte er diesen leicht an, sodass dieser ein wenig nach oben rutschte. „Wie lang war die Schlange?" Auf dem Rücken trug er seinen grünen Jägerrucksack, mit den nötigen Utensilien, die er für die Pirsch brauchte. Biggi machte eine breite Handbewegung und sagte: „Bestimmt dreimal so lang. Oder so, oder so lang, ich weiß es nicht mehr so genau." „Na, dann wollen wir mal auf die Jagd gehen", schmunzelte der Jäger und zu dritt gingen sie den schmalen Waldweg zur Hütte hinab.

Die Hütte zeichnete sich vom Sternenhimmel klar ab. Die Tanne dahinter warf einen langen Schatten. Biggi war den Tränen nahe und weigerte sich, sich der Hütte zu nähern. Der Jäger lachte aus vollem Halse, aber merkte, dass er dadurch die Angst noch mehr schürte. Die Männer suchten sich gegabelte Äste und einen leeren Jutesack in der Scheune. Die Holztreppen knarrten überlaut in der Stille der Nacht. Hans öffnete die Türe und Biggi leuchtete mit der Taschenlampe nervös auf den Boden ab.

„Halt still!", rief Hans und nahm ihr die Taschenlampe aus der Hand.

Nichts geschah. Einen leisen Schreckensschrei hatte Biggi ausgestoßen, als eine Fledermaus die Hütte umschwirrte, denn davon gab es eine Menge. Der Kleiber hatte Ruhepause und rannte nicht mehr auf und ab. Glühwürmchen gab es ebenfalls, eine Faszination der Tierwelt. An diesem Abend wurden sie nicht beachtet. Hans wurde ungeduldig und stieß die Türe schnell auf, die allerdings wie immer an der Fliese hängen blieb und klemmte. Biggi erschrak schon wieder, aber wieder geschah nichts. Der Lichtschalter wurde betätigt und der Flur wurde in fahles Licht gesetzt. Eine Solarzelle sorgte für die notwendige Beleuchtung. Nirgendwo war eine Schlange zu sehen. Nicht oben in den Auflagekissen, nicht hinter Türe oder beim Stromkasten.

Der Jäger machte mit seinen dicken, dunkeln Bergschuhen einen Schritt in den Flur hinein. Alles wurde genau untersucht. Nichts. Die Schlafzimmertüre war zum Glück zu.

Nicht, dass sich die Schlange im Bett verkrochen hätte. Die Küchentüre war angelehnt und wurde mit dem Stock aufgestoßen. Nichts. Das schwache Licht in der Küche warf ein paar Schatten. Unter dem Tisch oder der Eckbank wurde die Taschenlampe benötigt, wieder nichts.

Langsam waren die Nerven aller zum Zerreißen angespannt. Jeder flüsterte nur noch, um ja nicht die Schlange aufzuschrecken. Wispernd fragte der Jäger, als er Richtung rechts am Waschbecken hinuntersah: „Wo genau hast du die Schlange gesehen?" „In der Holzkiste am Ofenende, ich sah, wie sie links vom Ofen gerade auf dem Holzstoß lag. Eine weiße, nein, eine beige Schlange mit einem roten Streifen, der wie um den Körper gewickelt war." Ernst sagte der Jäger: „Entweder ist sie verhungert, erfroren oder zu müde, um uns zu begrüßen!"

Dann fing der Jäger schallend zu lachen an. Er hielt sich seinen Bauch und konnte nicht mehr aufhören zu lachen, bis ihm Hans auf den Rücken klopfte: „Meinst nicht, du solltest uns deinen Lachanfall erklären?" Der Jäger deutete mit seinen kräftigen Hand Richtung Holzstoß. Hans folgte seinem Blick mit erschrockenen Augen und fing nun ebenfalls herzhaft zu lachen. Biggi wurde mutig, schupste beide Männer auseinander, um ebenfalls einen Blick dorthin zu wagen. Erlöst fing nun auch sie zu lachen an, und alle drei hielten die Schlange in der Hand. „Gemeinsam sind wir stark", sprachen sie.

Der Kleiber draußen am Baum wurde durch das Lachen wach und zwitscherte mit. Sie zogen das Ende der beigen, dicken Schnur hervor, die wie eine Schlange mit einem roten Streifen aussah.

Die Weihnachtszeit, voller Sinnlichkeit. Bei Kerzenschein, lass das Licht hinein. In der S-Bahn, dem Weg nach Ismaning, sah ich einen Christbaum mit Kugeln behängt, am Gleisrand stehen. Der S-Bahn-Fahrer erzählte mir auf seiner Fahrt nach Weihnachten: „Ich habe den Christbaum gesehen und erfahren, dass dieser am Heiligabend in der Seniorenresidenz seinen Platz bekommen hat."

Der Tannenzwerg

26.11.2016: Als ich, Zauberblume, bei einer S8-Bahnfahrt den kleinen Tannenbaum kurz vor Daglfing entdeckte.

„Sieh, da! Da! Oh, ist der nicht niedlich?" Eine Gruppe gackernder und kichernder Schulkinder blieben an der S-Bahnstrecke stehen und folgten dem Finger von Sandra mit den blonden Zöpfen. „Was meinst du?", sagte die kleine Rundliche mit schwarzen Pagenkopf. „Schau mal in die Mitte von den zwei Bahngleisen." „Ja, und?", meinte der hagere Junge und stieg auf das rostige Geländer hinauf. „Ich seh' nur Schienen und massig Schotter dazwischen." Sandras Finger wanderte etwas nach rechts. Lilli war ebenfalls auf das Geländer gestiegen und folgte dem leicht schwankenden Finger. „Ich seh' einen mickrigen Tannenbaum", war ihre trostlose Aussage. „Genau den meine ich. Klein und zierlich steht er da, wie ein verlorengegangener Zwerg."

Unruhe machte sich unter der Gruppe breit, sie folgten ihrem Finger in die gleiche Richtung und alle redeten durcheinander. „Ja, ich sehe ihn. Der ist bestimmt einsam!" „Der gehört in den Wald. Dort könnte er mehr Freude haben." „Und dann, an Weihnachten, feiern die Tiere bei ihm." „Oh, ist der putzig. Zu Weihnachten, wenn er leuchtet, sieht man nur den Lichterglanz." „Den hol' ich mir zu Weihnachten!", rief Bertl. „Da passen gerade mal drei Kerzen drauf", meinte Lilli.

„Ich bin ein Zwerg." Der kleine Tannenbaum versuchte sich zu strecken, aber sein gekrümmtes Rückgrat hatte durch Wind, Wetter und den S-Bahnen und Schnellzügen stark gelitten.

„Was macht er zwischen all dem Gestänge?"

„Jeden Tag das gleiche Bild", seufzte der Tannenbaum. „Tag für Tag das Gelände. Links eine S-Bahn rauscht vorbei – wusch – rechts eine S-Bahn – wusch – wusch – wusch. Links ein langer Güterzug – rechts ein langer Güterzug – wusch. Ich komme mir vor wie ein vergessenes Wesen. Der Wind fliegt an mir vorbei und die Räder rattern so laut. Keine Ruhe bei Tag und Nacht, kein Ausschlafen. Der Staub wird zwar abgeblasen, aber mein Wachstum leidet darunter. Ich bin tatsächlich ein Zwerg." Lilli sagte: „Du armer, kleiner Tannenbaum. Wie grün sind deine Blätter, äh, Nadeln." Die liebliche Stimme verzückte den Tannenbaum so sehr, dass er nochmal versuchte, sich aufrecht hinzustellen. Er schaffte es. Es war ein kleines

Wunder, dass genau zur Adventszeit der Tannenbaum gerade stehen konnte.

Die Kinder verabschiedeten sich und versprachen, morgen wiederzukommen. Der Tannenbaum war darüber sehr traurig, jetzt war er wieder allein. Nur ein Unterschied: Jetzt hat er Sehnsucht nach dieser kleinen Kindergruppe.

Am nächsten Tag kamen die Kinder. Sie hatten einen Zugplan in der Hand und warteten, bis die Zugzeiten einen langen Zwischenraum hatten. Bertl sprang als erster rein und hängte schnellstmöglich dem Tannenbaum eine glitzernde Girlande um. Lilly hängte fix ein paar Kugeln dran. Eine dicke Kerze kam neben dem Christbaum auf den Boden, damit die Flamme den Baum nicht erwischen konnte. Schnell noch einen Stern an die Spitze und eine Unterlage. Es dauerte gerade mal zwei schnelle Minuten und schnell waren die Kinder über das Geländer gesprungen. Sie sangen noch gemeinsam ein Weihnachtslied, als die nächste S-Bahn heranrauschte.

Der Lokführer sah erstaunt das kleine Licht als Punkt. Zuerst dachte er, es wäre ein Glühwürmchen, doch dann entdeckte er den geschmückten Weihnachtsbaum. Er machte eine Durchsage und alle Züge, die auf dieser Strecke fahren, blieben pünktlich bei der vereinbarten Zeit an dieser Stelle stehen.

Jeder hatte ein kleines Geschenk dabei und legte es am Geländer in Sichtweite des geschmückten Christbaumes nieder. Auf einem Zettel stand: „Für die wunderbaren, fleißigen Helfer."

Die Kinder, die eigentlich auf dem Weg zur Christmette waren, machten einen Umweg zum Bahngleis und sahen all die S-Bahn-Züge direkt vor dem Christbaum halten. Das war ein Jubeln und ein Halleluja am Heiligen Abend. Der Lokführer fragte die Kinder, ob sie den Christbaum geschmückt hätten. Überrascht sagten die Kinder „Ja!", und jeder bekam ein kleines Päckchen, das am Geländer deponiert war. Seht nur, wie der Baum leuchtet!

Nachtrag:

Ein Tag nach Heiligabend erfuhr ich vom S8-Zugfahrer Uwe, dass jemand den kleinen Tannenzwerg mit drei Kugeln geschmückt und extra zur Adventszeit für viele Tage hingestellt hatte. Am ersten Feiertag war er verschwunden, er hatte ein Altersheim bereichert.

Ich hatte mir einen kleinen Tannenbaum besorgt, dekoriert, geschmückt und dazu die Geschichte vom Tannenzwerg vorgelesen. Zum Abschluss durfte er bei meiner Schwiegermutter leuchten.

Frohes Fest!

Drei Vögel im Schnee

Dicht gedrängt im Haselnussstrauch.
Sitzen die Vögel Bauch an Bauch.
Ansonst blicken sie unverdrossen.
Heute halten sie die Augen geschlossen.

Die Schneeflocken treiben es bunt.
Ins Haus hinein rennt schnell der Hund.
Nur die Vögel sitzen
zusammen ganz dicht.
Es heißt überleben, du kleiner Wicht.

Sie hören ein Glöcklein klingen.
Die Hausfrau will Futter bringen.
Der Kater stapft durch den Schnee.
Die Vögel halten still, oh weh.

Ihr lieben Vögel, es ist Winterzeit.
In unserem Garten
lebt die Geborgenheit.
Der Kater kommt mit mir ins Haus.
Und ihr habt das freie Leben drauß'.

Der Winter ist vorbei.
In der Faschingszeit ist man lustig und verklei-
det sich gerne.

Vogel auf dem Faschingsball

Leicht hat er es sich nicht gemacht, als er sich für den Fasching in Schale schmiss. Er verwandelte sich in einen bärbeißigen Trapper auf Goldsuche. Mit einer verwaschenen Jeans mit Löchern und Rissen. Mit ausgelatschten, uralten Cowboystiefeln wurde er von seiner Freundin ausgestattet. Schick war seine junge Freundin im Cowgirl-Outfit mit dem ledernen, kurzen Rock und dem gefransten Bolero über der schmucken, weißen Rüschenbluse. Beide hatten einen Cowboyhut auf dem Kopf mit einer Kordel dran, dass der Hut sicher am Rücken baumeln konnte. Sie hielt ein neckisches

Handtäschchen in ihrer Hand. Darin hatte sie eine Überraschung für ihren Bruder, den sie auf dem Faschingsumzug treffen wollten.

An der Hauptstraße war Remmidemmi. Vor allem die Kinder waren faschingsmäßig angezogen. So viele Prinzessinnen sieht man selten in Ismaning. Mädchen können im Fasching Prinzessinnen sein. Jungs dagegen verkleiden sich als Tarzan oder sind Feuerwehrmänner.

Ein Motorradfahrer fuhr dicht am Rande des Faschingsgeschehen vorbei. Ein dunkler Helm verwehrte den anderen sein Gesicht. Er hatte nicht vor, Fasching zu feiern. Leider wusste er genau, dass lockere Menschenmassen seiner frechen Tätigkeit zugutekamen. Er machte eine kurze Runde, um erstmal die Leute mit ihren Accessoires, vor allem die am Rande stehenden Personen, in Augenschein zu nehmen.

Die Faschingstreibenden schüttelten den Kopf, als das Motorrad so dicht an der Menge vorbeibrummte. Das Brummen übertönte nicht die Faschingsmusik, aber trotzdem störte das Ungetüm.

Schon hatte der Dieb sein Opfer, das junge Cowgirl, in die engere Wahl gezogen. Er suchte einen passenden Parkplatz für sein Gefährt. Er pendelte langsamen Schrittes zwischen den lachenden Menschenmengen hindurch, zielstrebig auf das Cowgirl zu. Nur noch einen unbeobachteten Augenblick und schon hatte er ihr die Handtasche entrissen. Sofort drehte er sich um, sprang zwischen den Pfeilern des Torbogens, einem ehemaligen Eingang zum Schloss, hindurch, wo sein Motorrad stand, schwang sich hinauf und flüchtete mit aufdrehendem Motor auf dem Fußweg in die Parkanlage hinein.

Großes Geschrei war vom Cowgirl zu hören mit dem immerwährenden Satz: „Mein Vogel, mein Vogel, mein Vogel ist weg." Ihr Freund rüttelte sie und als sie endlich zu schreien aufhörte, konnte sie ihm endlich erklären, was sich in der Tasche befand. Er schüttelte nur den Kopf und meinte vorwurfsvoll: „Zum Glück kein Geld, und das auch noch ohne Ausweis. Du bist aber leichtsinnig, der Vogel könnte ersticken." Jämmerlich kam es zurück: „Es war doch ein Geschenk für meinen Bruder, den ich nicht so oft sehen kann, und außerdem war ein Strohhalm drin zum Luft holen."

Ihr Freund lief sofort dem Motorradfahrer nach und sah, wie dieser in dem angrenzenden Park verschwunden war, er machte sich keine Hoffnung, aber man weiß nie. Es kommt erstens anders und zweitens als man denkt.

Der Dieb stand hinter der immergrünen Kirschlorbeerhecke, die zum Seniorenheim gehörte, und fühlte sich im Halbschatten sicher. Eilig öffnete er die Handtasche und heraus flog ein Kanarienvogel. „Was macht ein Kanarienvogel in der Handtasche?" Seine Boshaftigkeit verwandelte sich ganz kurz in Ratlosigkeit. Seitlich lugten mehrere Strohhalme heraus, damit der Vogel Luft bekam, soviel hatte er gleich begriffen, und er drehte die Handtasche um, um den Rest herauszuschütteln. „Nichts ist drin, aber rein gar nichts. Die ganze Mühe war umsonst", brummte er vor sich hin. Er blickte dem Kanarienvogel auf dem Strauch vor ihm voller Wut nach, als wolle er dem Vogel das Täschchen nachschmeißen.

„Hände hoch!", waren die außer Atem gekommenen Worte, „oder du landest in einer anderen Welt." Erschrocken fuhr der Vogeldieb herum, als er in seinem Rücken einen Faschingscolt spürte. Er ließ die Handtasche fallen und hob die Hände hoch.

Aus der Dorfstraße hörten sie die Musik, die sich ihnen näherte. Das war die Chance des Diebes zu fliehen. Sein Beute-Ergebnis war nicht gerade ertragreich. Er nutzte den Paukenschlag und floh weiter in den schattigen Park hinein.

Der Kanarienvogel saß im Gebüsch und ließ sich willenlos einfangen, denn er war die Wärme einer Wohnung gewohnt und nicht den kalten Wintertag. Langsam ging der bärbeißigen Trapper auf Goldsuche zurück und traf sein Cowgirl mit ihrem Bruder an. Glücklich endete die Kanarienvogelübergabe.

Isar und das Eisenrad

Gerade waren wir von der Schule zurückgekommen. Die Eltern saßen in ein Gespräch vertieft am Küchentisch. Sie unterhielten sich über Franz und Fritz. Ich hörte die Mutter von einem Fahrrad sprechen, das über die Isar fährt und vom Gammer Franz, der es sich über der Isar gemütlich gemacht hatte. Mucksmäuschenstill hatte ich hinter der angelehnten Tür gestanden und der Unterhaltung gelauscht.

Der 27-jährige Ismaninger Kaminkehrer Franz und ein 30-jähriger Limonadenfabrikant Fritz aus Dirnismaning waren zwei unternehmungslustige, junge Burschen. Sie waren überall bekannt mit ihren vielen unternehmungslustigen Aktionen. Wo die beiden auftauchen gab es immer was Lustiges zu sehen.

Ich musste grinsen, dann hatte ich es nicht länger ausgehalten und platzte um die Ecke hervor: „Den Franz hab' ich gesehen; der war im letzten Sommer auf dem Drahtseil gesessen. Das war lustig zum Ansehen, denn er hat gepfiffen und gejodelt, dass es durch den Auwald schallte. Das Seil war für die Fähre gespannt worden, damit diese sicher die wilde Isar überqueren konnte."

Entsetzt fuhr die Mutter herum: „Du sollst doch nicht allein durch den Auwald gehen!" „Ich war doch gar nicht allein! Johann, Peter, Bettina und die anderen Nachbarskinder waren doch dabei", gab ich zurück. „Schon gut. Aber wenn der mit dem Radl fährt, gehen wir zusammen hin." Die Mutter schaute mich streng an. Aha, die Mutter hatte Radl gesagt, also wusste sie Bescheid, dass die beiden etwas Gewagtes planen.

Franz und Fritz wollten mit dem Eisenrad, einem ausgedienten Fahrrad ohne Fahrradschlauch, über die Isar fahren. ‚Gaukler der Lüfte' hat Peter, unser Nachbarsjunge, gesagt, und die beiden konnten im Zirkus auftreten.

Bedrückt stand ich vor der Mutter, die meine Begeisterung für das tolle Unternehmen bremste. Dass ich den beiden beim Training zugesehen hatte, erwähnte ich nun lieber nicht mehr. Meine Mutter aber kannte mich gut genug, um zu wissen, dass ich ihr etwas verheimlichte. Verlegen schaute ich zu Boden und die Röte kroch mir über die Wangen. „Aha, du warst also schon dort." Ertappt fing ich freiwillig zu erzählen an: „Wir sind gerade von der Schule nach Hause gegangen, da haben wir einen kurzen Abstecher zur Isar gemacht; aber nur ganz kurz. Und da haben wir die beiden gesehen. Johann war dabei und klärte uns genau auf: Zuerst spannten Franz und Fritz mühselig ein Drahtseil; die eine Seite befestigten sie an einem Baum und auf der anderen Seite eine dicke Eiche. Sie haben das genauso gemacht, wie beim Fähren-Drahtseil."

„Die Isar ist da ganz schön breit", plapperte ich dem Hans dazwischen. Er meinte nur: „Das ist doch wurscht, wie breit die Isar ist, das sieht man doch." Ich sagte nichts mehr darauf.

Johann war in Fahrt und hat uns immer mehr erklärt: „Neulich hatten die beiden jugendlichen Artisten sogar im Dunkeln trainiert. Nur spärlich beleuchtet hatten sie ihre Kunststückchen zu perfektionieren versucht, die schwarze gekokelten Holzstücke lagen noch im Lagerfeuer." „Das hätte ich gerne auch gesehen!"

Die Eltern hörten mir endlich mal gespannt zu, bis Mutter mich unterbrach, sie horchte auf: „Und was haben die beiden dann gemacht?"

Sofort redete ich weiter: Johann war schon zwei Jahre älter als Peter und erklärte fachmännisch: „Das Laufdrahtseil muss mehr als das geplante Gewicht tragen und es durfte nicht durchhängen. Da beschlossen die beiden Schlaumeier aus Sicherheitsgründen *zwei* dicke Drahtseile zu spannen, falls das eine nicht hielt."

Ich habe nicht alles genau verstanden. Trotzdem war es spannend zuzuhören.

Damals war ich schon nach kurzer Zeit weiter heimwärts gegangen. Peter ging mit und ich hörte ihm nun gespannt den weiteren Schilderungen zu. „Mehrmals riss das Seil, erst nach vielen Versuchen waren sie endlich zufrieden. Dann holten sie eine verrostete Fahrradkonstruktion. Den Fahrradschlauch hatte das Radl nicht mehr. Die blanken Felgen sollten direkt auf das Seil gesetzt werden. Wie auf einer Schiene wollten sie fahren."

Peter tauchte noch einmal in die Szene ein und hatte viel vom Johann erfahren. Zu dritt – Fritz, Franz und Johann – hockten sie nun über eine Zeichnung gebeugt, die Fritz enthusiastisch erklärte. Eine dünne eiserne Schaukel war darauf zu sehen. Johann runzelte die Stirn: „Da soll Franz drauf sitzen? Fritz auf dem Rad, Franz auf der Schaukel?" „Klar", hieß es lakonisch. Franz war schon immer etwas weniger forsch als sein Freund, deshalb hatte er eine lange Kette mitgebracht, die er Fritz um die Taille band und dann noch an den Hosenbund knöpfte.

Nur zur Sicherheit. „Fritz is scho a gscheider Bua", sagte Johann.

Für eine bessere Balance hatten sie ein langes Eisenrohr an das Fahrrad geschraubt. Mutig bestieg Fritz probehalber das Rad, er wollte lenken. Franz hatte er davon überzeugt, sich auf eine Schaukel setzten, die an das Rad geschweißt worden war.

Es war spannend, Peter und Johann zuzuhören. Viel habe ich nicht verstanden. Ich muss unbedingt dort zuschauen. Ich sah Mutter irgendwie bitten an. Erschrocken hörte ich das laute Scharren des Stuhls, den die Mutter plötzlich zurückgeschoben hatte, um aufzustehen. Sie holte mich ins Hier und Jetzt zurück. Sie ging zum Küchenschrank, nahm das Gemeindeblatt und zeigt darauf: „Sonntag, den 19.09.1954, das große Spektakel über der Isar." Ich atmete erleichtert auf, denn das Interesse war geweckt: „Da gehen wir gemeinsam hin", sagten die Eltern. Ich war froh, denn Mutter quetschte mich nicht weiter aus.

Die Woche schlich dahin und jeder, wirklich jeder wollte das Ereignis sehen. Schließlich hatte das Gemeindeblatt darauf hingewiesen. Es wurde zum Ortsgespräch.

Am Sonntag dann, als wir wie gewohnt unser Sonntagsg'wand, das Dirndl oder die Lederhose, anzogen, waren wir fürchterlich aufgeregt. Mutter bestand darauf, dass ich eine Jacke überziehen sollte. Man weiß nie, wann das Wetter umschlägt, und im Herbst ist es doch schon a bisserl kühl im Schatten.

Gleich nach der Kirche sollte es an die Isar gehen. Während der Predigt rutschten wir Kinder unruhig auf der Bank herum und sehnten das Ende des Kirchgangs herbei. Kaum war das letzte Lied verklungen, drängelte die ganze Gemeinde zur Tür heraus und begaben sich zum Fluss hinunter.

Das Wetter war klar und freundlich. Der Wind säuselte durch den Blätterwald. Die Isar rauschte friedlich in ihrem nassen Bette. Weit und breit waren keine Tiere, wie Enten oder Schwäne, zusehen. Die Vogelwelt, die man sonst im Auwald zwitschern hörte, war vor der Menschenmenge geflüchtet.

Nach und nach versammelten sich zahlreich die Schaulustigen. Ganz Ismaning muss unterwegs gewesen sein. Dieses Ereignis wollte sich niemand entgehen lassen. Sogar der Pfarrer, der über so viel Eifer den Kopf nur schüttelte, begab sich ebenfalls zum Isarufer. Er segnete das übermütige Vorhaben, damit niemandem ein Leid geschah.

Es war die reinste Völkerwanderung und nur wenige der fünftausend Einwohner blieben auf dem Bauernhof zurück. Auf der anderen Isarseite hatten sich die Dirnismaninger und Garchinger postiert. Sogar aus München waren sie angereist. Alle hielten den Atem an. Ans Mittagessen dachte niemand mehr.

Ich stand neben Johann und Peter. Johann konnte sich nicht bremsen. Er fühlte sich als Reporter und kommentierte es beiläufig. Ich hörte aufmerksam zu, denn ich sah es nun mit eigenen Augen.

Behutsam stieg Fritz in luftiger Höhe auf das wackelige Radlgestell. Franz nahm auf der Schaukel Platz. Schon rollte das Eisenrad los.

„Die ersten zehn Meter haben sie geschafft", kommentierte Johann das Treiben von Fritz und Franz. Er fieberte so sehr mit, dass er schweißnasse Hände bekam.

Fritz hielt, auf dem Fahrrad sitzend, krampfhaft das drei Meter lange Eisenrohr zum Balancieren fest. Die Schaukel mit Franz darunter wackelte verdächtig.

Ein plötzlicher Windstoß brachte die beiden in luftiger Höhe, dem Himmel nahe, ins Schwanken. Wild mit den Armen rudernd versuchten sie sich wieder ins Gleichgewicht zu bringen. Entsetzt schrie die Menge auf. Nur Johann verzog keine Miene, er hatte mitverfolgt, wie oft Fritz und Franz dieses Kunststück geprobt hatten, deshalb war er sicher, dass sie es schaffen würden.

Nachdem sie kurz in beide Richtungen getaumelt, sofort aber gegengesteuert hatten, rollten sie sicher wieder auf dem Seil dahin.

Zwei Drittel waren geschafft. Erneut gerieten die beiden ins Wanken. Hatten sie sich zu viel vorgenommen? War die Aktion doch zu waghalsig? Eine entsetzt schauende Frau raunte ihrem Mann zu, dass ein solches Unterfangen keine besonders gute Idee sei – schon gar nicht an einem windigen Tag wie heute. Ich dachte nur, ein Luftzug war schuld gewesen. Das bisserl Wind ... Und hielt meine Daumen als Glücksbringer, damit den beiden ja nichts passiert.

Nicht ganz so forsch wie bisher machten die beiden weiter. Nur noch wenige Meter trennten sie vom anderen Ufer. Endlich hatten sie es geschafft.

Doch die beiden Buben mochten den Nervenkitzel. Kaum waren sie am anderen Ufer angelangt, rollten sie wieder zurück und begannen das Spektakel von neuem. Auch diesmal gelang ihnen die Sensation. Franz und Fritz fuhren viermal vom Ismaninger Ufer zum Garchinger Ufer in luftiger Höhe über die Isar. Ungläubig blickte die Menge zu ihnen empor und klatschte begeistert, einige schüttelten den Kopf.

Franz unterbrach den Applaus und verschaffte sich lautstark Gehör: „So, jetzt kannst dein Testament machen. Wann's uns runterhaut, samma hi'!"

Vor lauter Übermut setzten sie zu einer letzten Fahrt an. Die Zuschauerstimmen wurden laut: „Übermut tut selten gut!" „Des Radl geht so lange über die Isar, bis doch noch was passiert!" „Jetzt übertreiben die beiden!"

Bis zur Mitte rollte das Rad leicht bergab. Das strapazierte Drahtseil hing inzwischen ziemlich durch und der Rest musste geschoben werden.

Geschafft: Der Jubel flog durch die Luft und bis zum Ismaninger Schloss konnte man ihn hören. Fritz und Franz umarmten sich unter dem Jubel der Bevölkerung. Sogar der Bürgermeister, der sich eigentlich im Hintergrund aufgehalten hatte, trat nun zu den Burschen hin und gratulierte ihnen.

„Wer nicht wagt, nicht gewinnt."

Monster von Osmaning

Als ich das Büro betrat, klemmte die Türe. Sie ließ sich nicht ganz öffnen. Es war ein Hindernis dahinter. Schon hörte ich den Chef sagen: „Bitte die Türe nicht so weit öffnen. Aber kommen Sie erst mal durch den anderen Eingang herein." Ich schloss den geöffneten Spalt mit einem mulmigen Gefühl im Magen.

Gestern, am 12. März 1968, hatten wir den dreißigsten Geburtstag von Albertine gefeiert. Wir hatten doch alles sauber aufgeräumt? Albertine meinte mit einem Augenzwinkern: „Meine Mutter behauptet, mit dreißig müsse eine junge Frau mit Hut und Handschuhen ihre Fraulichkeit unter Beweis stellen." Ich musste schmunzeln: Sie stand natürlich ohne Hut und Handschuhe erwartungsvoll da. Sie und der Chef, Herr Lang, hatten nur auf mich gewartet. „Meine Damen, wir haben einen neuen Mitarbeiter, den möchte ich Ihnen vorstellen."

In der Annahme, das sei ein junger Mann, blickten wir uns um und entdeckten niemanden. Albertine knuffte mich in die Seite, zeigte mit dem Finger auf die Türe und flüsterte mir leise zu: „Vielleicht hinter der Türe?" Jetzt waren wir beide gespannt und neugierig. „Vielleicht will der Chef eine von uns beiden ersetzen?", plapperte Albertine weiter.

Die Tür knarrte ungewohnt und unerträglich laut, als der Chef die Klinke drückte. Er hielt inne: „Ach ja, wir müssen entscheiden, wer dafür zuständig ist." Zuständig? Wofür? Albertine war Spezialistin in der Bilanzierung und ich war, so kurz nach meiner Lehre, vorerst für die Buchhaltung eingesetzt. Wofür sollte wer zuständig sein?

Die Türe wurde geöffnet. Unser Blick fiel auf ein großes Monster, das die ganze Breitseite des Raumes einnahm. Es war das neueste Modell eines Rechenzentrums. „Meine Damen, darf ich vorstellen? Das ist Dato, unser neuer Begleiter in Sachen Buchhaltung." Ich spitzte die Ohren. Herr Lang nahm mich am Ellbogen und führte mich auf die Maschine zu. An diesem Monster soll ich arbeiten? „Die Zeiten ändern sich. Rechner übernehmen die Werte und sind viel schneller bei der Auswertung." Herr Lang war von dem ‚Neuen' überzeugt. „Der Großrechner ist Ihr neuer Arbeitsplatz", erklärte nun Herr Lang. Ich setze mich vor diesem urzeitlichen Computer auf den Drehstuhl. Sogar der Drehstuhl quietschte: „Jetzt mach schon!" Ich fing sofort mit einer kleinen Taxi-Buchhaltung mit wenigen Zahlen an und begann einzutippen. „Zuerst das Vorprogramm: Steuerkanzleinummer, Mandantennummer, Name, Monat der Buchhaltung."

Der Kasten ratterte bei jedem ‚Enter' und spuckte die gelben zwei Zentimeter breiten Papierstreifen mit gestanzten Löchern mit Getöse aus. Das ging ganz fix, denn es war alles vom Chef persönlich vorbereitet. Dann die letzte Zahl. Sie gefiel dem ‚neuen Mitarbeiter' gar nicht. Der Chef hatte sofort Einwände: „Sie müssen mit ‚Enter' bestätigen. Die Eingabe des Namens muss mit der Mandantennummer übereinstimmen, dann akzeptiert der Rechner es." Ich hatte einen Zahlendreher und berichtigte es sofort. Nun ging es weiter: Also fuhr ich fort, die monatlichen vorkontierten Buchungswerte von mir einzeln einzugeben. „So, jetzt noch flott den Abschluss eintippen, damit die Firma Datev über das Ende der Buchhaltung des Mandanten informiert wird." „Um die Übertragung um Mitternacht kümmere ich mich selbst", meinte mein Chef.

„Herr Lang will bis Mitternacht im Büro bleiben, da wird aber seine Ehefrau noch ein Wörtchen mitzureden haben", wisperte mir Albertine verschmitzt zu. Mein Kopf rauchte, als wir das Büro nach vier Stunden verließen. Von der leeren Rolle des Lochstreifens blieb nur ein kleiner Rest übrig. „Den können Sie zum Basteln mit nach Hause nehmen", schmunzelte Herr Lang.

Endlich zu Hause angekommen, fiel ich abends todmüde von der ungewohnten

Arbeit ins Bett. Doch des Nachts holte mich das Monster ein. Es sperrte seinen Rachen weit auf und es spuckte statt Feuer die gelben Streifen aus und verwandelte die Löcher in Notenzeichen. Die Frau des Chefs dirigierte mit dem Taktstock die daraus flötende Melodie. Die Noten wirbelten freigelassen durch den Raum, schwirrten, surrten und brummten wie tags zuvor der Rechner. Engel standen plötzlich daneben, fingen die Streifen ein und verwandelten die Löcher, die ja zu Noten wurden, in glitzernde Sterne. Gerettet! Schweißgebadet wachte ich auf.

Der Großrechner wurde zum wichtigsten Mittelpunkt unserer Steuerkanzlei. Es gab nur wenige Steuerberater, die mit dem Großrechner ihr Geld verdienten.

„Es war die digitale Revolution", sagte ein Mitarbeiter von der Firma DATEV beim Rückblick 2017 auf die letzten fünfzig Jahre.

Wir trennen den Müll.
Wir vermeiden Plastik und was geschieht?
Unrat aus der Fremde wird entladen.

Kauz und Riesenradtropfen

Es war einmal am kleinen Wiesenhang, gleich neben dem Goldach-Moor, ein Fichtenast, auf dem ein Kauz im Schatten saß. Er sah sich gewissenhaft um. Der Wind säuselte vor sich hin. Der Kauz Kasimir hatte nichts zu tun. Wenn die Kinder unten auf der Wiese spielten, riefen sie immer „Kauz Kasimir!" „Wieso hast du dem Kauz Kasimir diesen Namen gegeben?" „Weil er die gleiche Farbe wie meine Katze hat und die heißt Kasimir. Dann brauche ich nicht zwei Namen auswendig lernen."

Einstweilen, wenn sie sich einmal die Woche auf der Goldach-Wiese trafen, klopften sie immer an den Stamm und riefen nach dem Kauz Kasimir. Sie weckten ihn zwar auf, aber er tat ihnen gern den Gefallen, setzte sich auf den Ast und beobachtete die Kinderschar. Seine Fichte duftete nach Fichtennadeln und die Baumrinde war ruppig. Hoch oben hatte der Kauz seine Höhle gebaut, in der er tagsüber schlief. Begann die Dämmerung, wurde der Kauz aktiv.

Heute war eine Ausnahme. Der Kauz Kasimir blickte in die Runde. Keine Kinder waren zu sehen. Nur etwas Schwarzes lag zwischen den Gräsern. Der Kuckuck hatte die ganze Zeit gerufen und den Kauz aufgeweckt. „Kannst du mal was anderes rufen als ‚Kuckuck'? Das wird langsam langweilig!" „Ich habe nichts anderes gelernt: Kuckuck, Kuckuck!" „Musst du so laut plärren?"

Es war zur Mittagszeit, denn die Kirchenglocken schallten vom Ismaninger Dorf herauf. „Zuerst der Kuckuck und jetzt die Glocken!" Der Kauz hielt sich die Ohren zu und brummte: „Wenn ich schon wach bin, werde ich mir einen Mitternachtssnack gönnen." Er sah sein Mittagessen und flog flugs zur dahinflitzenden Feldmaus, die vom Feld Richtung Wiese rannte. Zwischen den Gräsern hoffte die Maus, Schutz zu finden. Der Weg war versperrt, als sie zu ihrem Versteck rannte. Schon tauchte der Schatten, die Silhouette des Kauzes auf. Oh, ja, der Kauz war schnell! Allerdings hatte er ebenso nicht mit einem Hindernis gerechnet. Das schwarze Ding aus Eisen lag wie frisch poliert mitten in der Natur. Der Kauz vergaß die Maus, die natürlich zwischen den Gräsern hindurch, einen neuen Weg suchend, flitzte, und weg war. Schadenfroh lachte sie den Kauz aus.

Feldmaus-Onkel Manko legte der Feldmaus, die weiter rannte, einen Fuß und prompt stolperte sie darüber. „Hoppla, nicht so schnell. Du verpasst das Leben." Atemlos sah sie Onkel Manko in die knopfbraunen Augen. „Kasimir … Kasimir verfolgt mich." „Die Katze?" „Nein, Kasimir, der Kauz, der wie eine Eule aussieht." Feldmaus-Onkel Manko schob ein Blatt nach oben: „Komm zu mir rein und erhol dich von dem Schrecken." „Kasimir – ich hab seinen Schatten gesehen!" „Der kann uns nicht sehen." Die Feldmaus beruhigte sich und dann fiel ihr das Hindernis ein. „Da war ein schwarzes Etwas auf meinem Weg." „Ja, ich habe es gesehen."

Feldmaus-Onkel Manko erzählte seinem Neffen, dass ein großer Lastwagen aus der Stadt da war. Vier Männer entluden den LKW und warfen ihre Ladung einfach auf die Wiese. Der Riesenrad-Tropfen, so hatten sie das Ding genannt, musste schwer gewesen sein. Sie riefen: „Hau Ruck!", und rollten es vom LKW mitten auf deinen Weg. „Auf einem Schild stand: ‚Unrat abladen verboten.' Das ist kein Unrat.", meinte der Mann in zerrissenen Jeans und dem schmutzigen, ehemals weißen Unterhemd. „Red' nicht so viel!", sagte der andere Mann mit einer blauen Kappe auf dem Kopf, „Hilf uns lieber, den Riesenrad-Tropfen zu entsorgen!" Als sie alles abgeladen hatten, fuhren sie wieder zum Dorf hinunter und Richtung Stadt.

„Feldmaus-Onkel Manko, sie machten sich Sorgen!" piepste die Feldmaus Monka. „Die Männer machten sich keine Sorgen", brummte Onkel Manko, „Die entsorgen etwas. Sie werfen ihr Etwas, das man auch in der Stadt Sperrmüll nennt, einfach mitten in die Ismaninger Natur. Wir müssen leiden. Die Menschen sind zu geizig, die Sachen auf dem Wertstoffhof abzugeben. Da müssten sie Gebühren bezahlen." „Und versperren meinen Weg zum Unterschlupf", nickte Feldmaus Monka.

Die Feldmaus Maximo war ebenfalls wegen des Kauzes und des versperrten Weges bei Onkel Manko gelandet. „Hei du, Maximo!", brummte mit tiefem Ton der Onkel Manko, „Du bist stark, kannst du das Ding nicht aus dem Weg räumen?" „Klar kann ich das!", und schnürte sein Hebe-hoch-Gestell auf den Rücken. Maximo schob die Gräser auseinander und entdeckte den Kauz. Der Kauz saß verdutzt da: Sein Mitternachtssnack war weggerannt und übrig blieb der Riesenrad-Tropfen. Er flog zu einem morschen

Stamm, setzte sich auf den abstehenden, kurzen Ast, und nahm das ganze Ausmaß der Verwüstung wahr.

Feldmaus Maximo trat vor die Gräser, sah den Kauz in sicherer Entfernung und piepste dem Kauz mutig zu: „Wenn du mich in Ruhe lässt, werde ich den Riesenrad-Tropfen aus dem Weg räumen." Der Kauz Kasimir überlegte: „Was hab' ich davon, wenn du den Riesenrad-Tropfen wegräumst?" „Ich mache Platz und die Ismaninger Wege wieder begehbar." „Na gut, Deal. Während du das wegräumst, lass ich dich in Frieden." Der Kauz Kasimir sah auf die Uhr: „Genau fünf Minuten Zeit gebe ich dir. Dann wird die Jagd wieder eröffnet." „Okay, fünf Minuten, aber ich habe keine Uhr." „Dann eben bis zum nächsten Glockenschlag. Den kannst du doch hören?" „Danke, ich beeile mich."

Mit geballter Kraft band sich Feldmaus Maximo den Riesenrad-Tropfen auf den Rücken und trug ihn zur Seite. Er klopfte seine mausfarbenen Pfoten gegeneinander, als wollte er den Staub abschütteln:

„Geschafft! Unsere Wege sind frei gelegt!", rief Maximo und sicherheitshalber rannte er in eine andere Richtung. „Die Jagdsaison ist eröffnet!", rief Kauz Kasimir. Flugs waren die Feldmäuse in ihren Verstecken verschwunden. Kauz Kasimir gähnte und tat so, als wolle er die Mäuse gar nicht beobachten. „Ich werde noch eine Runde schlafen", gähnte er lautstark und flog in seine Baumhöhle. „Mit frischen Kräften kann ich viel mehr leisten."

Träume kann man wahr werden lassen? Träume deinen Traum, lebe deinen Traum. Wenn Senioren sich mit der Vergangenheit beschäftigen. Das Alter, die Rente fordern die Senioren heraus. Wie geht man damit um? Wie kann man sich darauf vorbereiten?

Reisen im Traum

Das Kultur- und Bildungszentrum Seidl-Mühle ist ein Anziehungsmagnet vielerlei Art: Musik – Tanz – Aufführungen – Konzerte – Musik-Unterricht – VHS. Des Weiteren ist in diesem sinfonisch-architektonischen Gesamtkonzept die Bibliothek von Ismaning untergebracht, eine Begegnungsstätte für Jung und Alt, die gleichermaßen genutzt wird.

Der Rentner hatte viel zu viel Zeit. Egon war sein Name. Er war ein hagerer, alter

Mann. Eigentlich konnte man sagen, er war dürr. Seine schwarze, von Glanz beherrschte Hose, war ihm viel zu groß. Das rotkarierte Hemd war sauber und unterstrich seinen von der Sonne gebräunten Teint. Viele Furchen durchzogen seine Gesichtszüge, denn immerhin war er über achtzig Jahre jung. „Jung", sagte Egon, „mit einhundert ist man erst alt", und lächelte dabei. Er hatte mit seiner Frau eine schöne Zeit verlebt und beide hatten viel und gerne gelacht. Das war vorbei. Er war einsam geworden.

„Geh' unter die Leute!", überredeten ihn seine vier Kinder, die nur selten zu Besuch kamen. Sie wohnten zu weit weg. New York, Paris, London und der Jüngste in Hamburg. Er selbst blieb seinem Geburtsort München treu, allerdings wohnte er jetzt im Landkreis. In Ismaning ist es ruhiger. Nicht so hektisch.

Erst mit siebzig war er mit seiner Frau von München nach Ismaning gezogen. Es hatte beiden gutgetan. Jeden Tag fuhren sie mit dem Fahrrad durch die unbebaute Landschaft. Sahen Fasane im Frühjahr oder

Rehe im Sommer. Dem Fuchs begegneten sie in der Nähe des Kanals, und die Hasen hoppelten überall herum.

Seit sie nicht mehr da war, verbrachte er seine Zeit, im Sommer wie im Winter, am liebsten in der Bibliothek in Ismaning. Der Fußweg war kurz, die Zeitung konnte man jeden Tag druckfrisch lesen. Egon träumte von fernen Ländern.

Seine Frau hatte ihn vor einem Jahr für immer verlassen. Ab und zu saß er auf einer Bank im Friedhof und hielt Zwiesprache mit ihr. Sie war eine kluge und schöne Frau. Sie hatte eine Dauerwelle, die ihr Gesicht lieblich umrahmte. Tagtäglich hatte sie nur für ihn sein Lieblingsessen gekocht: Grießnockerlsuppe, Erbseneintopf, Weißwürste, Gulasch, Rouladen, und vor allem selbst gebackenes Brot. Im Sommer machte sie die Einweckgläser voll, mit Unmengen von Marmelade. Man könnte sagen: Sie hatte für ihn liebevoll vorgesorgt.

Was hatten die beiden für große Pläne: Alle zwei Monate zu ihrer Hütte in Tirol fahren, kurze Wanderungen im Voralpenland machen. Sie wollten eine Kreuzfahrt machen und in ferne Länder reisen. Er seufzte: „Das ist schon lange her."

Sein Schwung hatte nachgelassen. Sein Rücken schmerzte, wenn er zu weit ging. Radfahren konnte er schon lange nicht mehr. Nun war er allein und reiste nur noch im Traum.

Sein Lieblingsplatz war in der geografischen Ecke. Egon stand kurz auf und zog einen großen Bildband aus dem Regal. ,Samarkand' stand in weißen Buchstaben auf dem erdfarbenen Einband. „Wo liegt denn das?" Er blätterte herum und landete in einer kargen Gegend. Sand und Steine sah er auf all den Fotos und entdeckte einen Untertitel: ,Seidenstraße' In der einen Ecke waren grüne Raupen zu erkennen. Ein seidiges Gespinst hatten sie auf der rosa blühenden Wüstenpflanze gesponnen. Auf der nächsten Seite ein traumhaftes Himmelbett, wie aus Tausendundeiner Nacht. Unter einem tiefblauen Nachthimmel, der mit Sternen übersät war. „Das hätte meiner Frau gefallen. Fehlt nur noch die Erbse." Er legte den Bildband auf den Tisch und schaute zum Himmel hinter der Glasscheibe hinauf, als wolle er seiner Frau zulächeln. Egon wurde müde und nickte etwas ein.

Jemand kam zu ihm und klopfte ihm auf die Schulter. „Komm, wir verreisen!" Franz zeigte ihm zwei Tickets. „Der Zug, der blaue Enzian, steht schon auf dem Bahnhof."

Franz war nur ein Jahr jünger und munterte Egon immer wieder auf. Zusammen versuchten sie, das Leben zu meistern. Franz war sehr oft bei seinen Enkelkindern und die restliche Zeit bei Egon. Egon sagte nichts, aber er war ihm dankbar für die Unterhaltung.

Egon lächelte: „Dann wollen wir uns auf die Reise machen." Beide gingen zum Bahnhof und fuhren mit dem Zug, dem ICE, zum Flughafen. Das war schon immer ein Wunsch von Egon und dessen Frau. Dort stiegen sie in ein Flugzeug, das sie zu einem großen Hafen nach Norddeutschland brachte.

Pelikane standen, genau wie die Möwen, in der Nähe der Fischkutter. Sie warteten auf Fischreste. Wenn das nicht so klappte, schnappten sich die Möwen die Fischbrötchen der Touristen.

Am weißen Schiff waren die Gangways heruntergelassen. Der Nordseewind schüttelte sie kräftig durch. Sie freuten sich auf die Abwechslung. Franz sagte: „Jetzt brauchen wir nicht kochen. Jeden Tag werden wir bedient."

Sie betraten das Schiff und der Kapitän begrüßte die beiden überschwänglich. Die Chefstewardess brachte sie zu einem tollen Apartment mit Balkon. Kaum hatten sie das Restaurant betreten, ertönte das Schiffssignal. Sie kehrten um und sahen beim Ablegemanöver zu, um danach das Abendmahl einzunehmen.

Im kleinen Fernseher auf der Kabine konnten sie die Route verfolgen. Es ging über den Ozean zu einer großen Insel. Vor allem auf dem Schiff konnten sie Wale und Delphine beobachten. Mitten im Ozean sahen sie eine große Insel mit Palmen und hübschen Mädchen darauf. Sie tanzten zu Hula-Musik und ihre Basträcke flogen mit ihnen im Kreis. Mit einem Tenderboot wurden sie zur Insel gebracht. Ein Trolley holte sie ab, brachte sie hinauf zur höchsten Inselerhebung und es ging mit dem Floß den breiten Fluss hinunter. Sie landeten direkt im schneeweißen Sand, in dem die Wattwürmer beschäftigt waren, in den Sand zu kacken, ich meinte, den Sand zu säubern.

„Ist das Samarkand?" „Ich weiß es nicht. Steig auf dein Pferd, es ist bereits gesattelt und wartet auf dich. Komm, wir wollen zu den römischen Hinterlassenschaften reiten." Egon überlegte kurz: „Ich weiß, wo die sind. Gleich hinter der Arena. Allerdings ist der Raum abgesperrt." „Das macht nichts, den sprengen wir."

Die Sonne sank, aber es war noch immer warm. Sie wollten gerade sprengen, als die Bibliothekarin Egon aufweckte. „Egon, wir schließen die Bibliothek, wir haben einen lauen Sommerabend. Am besten gehst du gleich zum Biergarten, dort erwartet dich Franz, und ihr genehmigt euch eine Radlermaß als Schlummertrunk."

Die Sonnenuhr der Gemeinde Ismaning

Das Annamirl war in der ersten Klasse. Die Lehrerin war mit dem Ort sehr verbunden: „Heute wollen wir zum Schloss gehen."

Zuerst etwas Geschichte für Erwachsene und Kinder. „Wisst ihr, dass wir einen Hörpfad in Ismaning haben? Interessante Gebäude werden erklärt. Sprecht mit euren Eltern darüber und hört euch die Geschichten an!"

Es war ein sonniger, eher schon heißer Tag im Juni, als sie den Ausflug machten. Die vielen Prüfungen waren schon vorbei. Die Lehrerin beschloss, mit den Kindern den Ort Ismaning zu erkunden.

„Kinder, wir sind vor dem Schloss." Die Lehrerin, Frau Bauer, blickte umher: „Wer weiß, wer darin wohnt?" Der Maxl rief als Erstes: „Der Bürgermeister, das ist mein Onkel." „Gut gemacht, Maxl! Wohnt er wirklich da drinnen?" Die schlaue Theresia hob die Hand und schnipste mit dem Finger. „Ja, Theresia?" „Der Bürgermeister hat im Schloss sein Arbeitszimmer. Ich hab' ihn schon mal besucht. Bei der Kindersprechstunde." „Ich auch!", rief jemand in die Runde.

„Wir wollen heute etwas Gemaltes am Schloss ansehen." „Das Schloss ist gelb angemalt." „Da ist der Mohr auf einem Wappen, den hab' ich schon mal gemalt." Die Lehrerin ließ die Kinder plappern und lächelte dabei. So ein Anschauungsunterricht ist lehrreicher, als aus trockenen Büchern zu lernen.

„Da oben ist eine Sonnenuhr." „Richtig, die wollen wir uns mal genauer ansehen. 1842 gab es die erste Sonnenuhr in Ismaning. Auf einem sehr alten Gemälde war eine Sonnenuhr zu erkennen. Vor dem Schlossmuseum gibt es seit 2004 eine lebende Sonnenuhr am Boden, mit Winter und Sommerzeit, also sehr modern. Im Dreiviertel-Kreis sind die Stunden in Stein gehauen. In der Mitte ist ein Steg mit den einzelnen Monaten. Die Person stellt sich mit den Schuhspitzen an das monatliche Zeichen und schon wirft die Sonnenuhr den korrekten Schatten. Seit 1966 gibt es die Sonnenuhr am Ismaninger Schloss."

Die Kinder arbeiteten lebhaft mit. „In der Mitte ist ein dicker Stecken." „Richtig, ein Stab, was macht der?" „Schatten." „Und wo zeigt der Schatten hin?" „Auf ein I und ein X." „Das sind die römischen Zahlen. I für die Zahl eins. X für zehn und L für 50. Wir wollen uns mal die Zahlen genauer ansehen, da ihr ja schon alle Buchstaben gelernt habt. Wer weiß das V?" Keiner meldete sich. „V steht für fünf und dann bleiben noch zwei übrig: C und M." „M ist 1000 und C?" Die Lehrerin half weiter: „C ist 100. Wir wollen die Zahl beim Schatten erkunden. X minus I ist neun. Also neun Uhr. Da der Schatten zwischen IX, neun, und X ist, haben wir halb zehn."

Die Kinder übten fleißig die Zahlen. „Da fehlen Zahlen, links hört es mit VIII auf, warum?" Die Lehrerin erklärte, dass in der Nacht kein Schatten fällt, also kann man einer Sonnenuhr nur bei Tage die Zeit ablesen.

Die Schüler durften das Schloss betreten. Leise gingen sie in den ersten Stock. Im Sitzungssaal nahmen sie alle Platz. Es klopfte und die Sekretärin betrat den Raum. Jeder bekam Papier und Stifte, und nun durften sie die Sonnenuhr malen.

Zum Schluss kam der Bürgermeister. Er war nicht allein. Die zweite Bürgermeisterin begleitete ihn. Die fleißigen Kinder begrüßten die beiden ehrfurchtsvoll und sie durften die Werke der Kinder betrachten. „Kinder!", die Lehrerin beruhigte die Schüler und meinte: „Heute ist die Sprechstunde für Kinder – nur für euch. Damit jedes Kind dran kommt, haben sich die drei zur Verfügung gestellt: Der Bürgermeister, die Bürgermeisterin und die Sekretärin." Sie nahmen Platz und hielten eine Kindersprechstunde ab. Dreißig Minuten nahmen sie sich Zeit, um sich die Fragen und Wünsche der Kinder anzuhören.

Nach einem kleinen Erfrischungsgetränk, nachdem es draußen doch sehr heiß war, ging es zurück zur Schule.

Das rollende Kleeblatt

Einen langen Weg hatte Klein Corona-Viktor inzwischen zurückgelegt; nun war er hungrig und müde. Er streifte rollend durch den Wald, aber im Frühjahr gibt es noch keine Beeren oder Pilze. Auch Blätter hatten sich noch nicht entwickelt. Klein Corona-Viktor beschloss, zum Bauern zu rollen. Der Weg führte am Feldrand entlang, kurz vor dem Schulgebäude endete er.

„Kontrolle!", schmetterte man ihm laut entgegen. „Kontrolle? Ich bin Klein Corona-Viktor und habe Hunger!" „Du brauchst einen Ausweis und eine Einreisegenehmigung für unsere Gemeinde, sonst kommst du hier nicht rein." „Habe ich nicht. Ich will nur was zu essen haben." „Ohne Genehmigung kein Einlass!"

Beleidigt ging Klein Corona-Viktor den Feldweg in Richtung Kanal. Er wollte versuchen, von der Südseite zum Wald zu kommen. Der Wald duftet im Frühjahr nach frisch sprießenden Knospen und man konnte spüren, wie alles zu neuem Leben erwacht. Kaum hatte er den Waldrand erreicht, sah er sich gründlich um. „Keine Kontrolle!", rief er erleichtert. Er rollte weiter und kam zu der Brücke, die über die S-Bahn führte. Au Backe, da oben standen sie schon wieder.

Sein Magen knurrte. Einige Sperren hatte er nun schon versucht zu durchbrechen. Sinnlos. Der Ort hatte sich gründlich abgeriegelt.

Klein Corona-Viktor erblickte die Fitnessstationen im Wald und legte sich ins feuchte grüne Gras. Immer noch war er hungrig und müde. Der Schlaf übermannte ihn. Klein Corona-Viktor träumte von

Kleeblättern, die ihn wie ein Kleid bedeckten. Als er erwachte, war ein neuer Morgen angebrochen.

Neben ihm wuchs grüner Klee. Er pflückte den Klee und klebte ihn mit Spucke an seine abstehenden Hörner. Gut getarnt passierte er nun die Kontrolle. Die Beamten lachten laut auf, als sie den Kleeblattball entdeckten. „Wer hat den Ball wohl vergessen?" „Weiß nicht, lass ihn doch rollen. Da wird sich schon jemand melden."

Klein Corona-Viktor mit seiner Verkleidung hatte es geschafft. Er ist in den geruhsamen Ort eingedrungen. Er kullerte zum Heimgarten. Rollte zum Tor hinein. Musik schallte durch die Frühlingsluft. Kinder jagten lachend hinter dem Kleeblatt-Viktor her. Sie fingen ihn ein. Sie spielten unbekümmert mit ihm Ball. Wilhelms Oma rief: „Willi, ich habe für euch das Essen hergerichtet." Willi und seine Freunde rannten zur Oma. Sie setzen sich an den Gartentisch. Klein Corona-Viktor durfte mitfuttern. Endlich konnte er sich sattessen.

Am nächsten Tag wurden Oma und Opa krank. Klein Corona-Viktor hörte das und hatte eine Idee. Er lief zum Haus vom Opa und sah, wie ein Corona-Virus mit roten Hörner das Haus verließ. Klein Corona freute sich: „Wir sind nun zu zweit. Ich bin nicht mehr allein." „Klein Corona-Viktor, hallo, toll, dass du da bist! Komm, wir wollen den Corona-Virus gleichmäßig im Ort verteilen."

Das war nicht schwer, denn viele Leute standen in Gruppen herum, lachten und freuten sich über die bunten Coronabälle. Gemeinsam rollten sie weiter den Weg entlang, ließen sich mal hier mal dort nieder. Es gab einige Coronabälle, die sich ihnen anschlossen.

Einstweilen hatte der Bürgermeister von der Coronakrankheit Wind bekommen. „Alle Zufahrtsstraßen werden gesperrt. Keine Coronabälle werden mehr hereingelassen. Keine Menschengruppen oder Ansammlungen darf es geben. Hände waschen nicht vergessen! Mindestens fünf Mal am Tag. Bitte jeden Coronamissbrauch melden."

An den vielen Straßen patrouillierten Polizisten. Sobald sie einen Coronaball entdeckten, mit oder ohne Klee, oder in Verkleidung, wurde er in Quarantäne gesteckt.

Die bunten Corona-Bälle, hungrig wie sie waren, wurden zornig. Sie rotteten sich zusammen und verließen das Dorf. „Die wollen uns nicht haben. Sie behandeln uns wie Aussätzige. Wir ziehen weiter. Wir finden bestimmt noch ein anderes Betätigungsfeld."

Nach vier Wochen erholte sich das Dorf. Ein Coronavirus hatte in dieser Gemeinde keine Chance.

Weiterhin fließt die Isar – mal ruhig und gelassen, dann wiederum mit stürmischen Wogen – an Ismaning vorbei.

novum ❧ VERLAG FÜR NEUAUTOREN

Bewerten
Sie dieses Buch
auf unserer
Homepage!

www.novumverlag.com

EIN HERZ FÜR AUTOREN A HEART FOR AUTHORS À L'ÉCOUTE DES AUTEURS MIA KAPΔIA ΓIA ΣYΓΓPAΦ
HJÄRTA FÖR FÖRFATTARE UN CORAZÓN POR LOS AUTORES YAZARLARIMIZA GÖNÜL VERELIM SZÍVÜ
CUORE PER AUTORI ET HJERTE FOR FORFATTERE EEN HART VOOR SCHRIJVERS TEMOS OS AUTORE
SZÍVÜNKÉRT SERCE DLA AUTORÓW EIN HERZ FÜR AUTOREN A HEART FOR AUTHORS À L'ÉCOUTE
CORAÇÃO BCEЙ ДУШОЙ К АВТОРАМ ETT HJÄRTA FÖR FÖRFATTARE Á LA ESCUCHA DE LOS AUTORE
AUTEURS MIA KAPΔIA ΓIA ΣYΓΓPAΦEIΣ UN CUORE PER AUTORI ET HJERTE FOR FORFATTERE EEN HA
YAZARLARIMIZA SZÍVÜNKÉRT SERCE DLA AUTORÓW EIN HERZ FÜR A
VOOR SCHRIJVERS TEMOS OS AUTORE CORAÇÃO BCEЙ ДУШОЙ К АВТОРАМ ETT HJÄRTA FÖR F

Die Autorin

Die 1947 geborene Brigitte E. Amft-Obermaier entdeckte bereits früh ihr Interesse an Kreativität: Schon in der Kindheit verfügte sie über die Fähigkeit des detaillierten Zeichnens. Dies führte im Weiteren dazu, dass sie Leiterin von Malereikursen zu „Aquarelltechniken" für Schüler*innen im Alter von 6 bis 80 Jahren wurde. Heute erstellt sie Bilder-Storys für Erwachsene und Kinder (PiKiTiBO-Storys). Ihr Weg der Schriftstellerei begann 1992 während eines Krankenhausaufenthaltes. Durch den Besuch unterschiedlicher Seminare an Volkshochschulen wurde an ihrer Schreibfertigkeit gefeilt. Die Inhalte ihrer Werke bilden einerseits die Realität und andererseits die durch ihren Ideenreichtum intensivierte Fiktion ab. Ihre Texte laufen unter dem Motto „ZPH" – „Zauberhafte Phantastische Hypothesen".
Zu ihren Lieblingsaktivitäten zählen neben der Malerei und dem Verfassen von Gedichten und Kurzgeschichten die Fotografie, das Reisen und das Radfahren.

novum VERLAG FÜR NEUAUTOREN

Der Verlag

*Wer aufhört
besser zu werden,
hat aufgehört
gut zu sein!*

Basierend auf diesem Motto ist es dem novum Verlag
ein Anliegen, neue Manuskripte aufzuspüren, zu ver-
öffentlichen und deren Autoren langfristig zu fördern.
Mittlerweile gilt der 1997 gegründete und mehrfach
prämierte Verlag als Spezialist für Neuautoren in
Deutschland, Österreich und der Schweiz.

**Für jedes neue Manuskript wird innerhalb we-
niger Wochen eine kostenfreie, unverbindliche
Lektorats-Prüfung erstellt.**

Weitere Informationen zum Verlag und
seinen Büchern finden Sie im Internet unter:

www.novumverlag.com

Der Verlag

Wer aufhört
besser zu werden,
hat aufgehört
gut zu sein!